TSAI CHIH CHUNG

Zen, le Livre

Liberté de l'Esprit

Traduit par
Nelly Irniger et Claude Maréchal

C A R T H A M E éditions
Les Tattes
74250 Fillinges

Déjà parus du même auteur :

— *Lao Tseu, le Silence du Sage*
— *Zen, le livre - Liberté de l'Esprit*
— *Sun Tsu, l'Art de la Guerre*
— *Tchouang Tseu, le Chant de l'Univers*

A paraître :

de Tsai Chih Chung :

— *Confucius*
— *Les Origines du Zen*

de Marc et Michel Bounias :

— *Le Tox "50"*

de Michel Bounias :

— *Sous le Soleil des Toxiques*

ISBN 2-909830-01-2
Titre anglais : *The Book of Zen*

Couverture : Chrysode
Photocomposition : Angel Scaburri

Préface

S'interroger sur le sens du Zen, c'est s'interroger sur le sens de la Vie.

La Vie est faite pour être vécue pleinement, sans qu'elle soit corrompue par d'inlassables cogitations mentales jonchées de théories et de principes.

Le Zen propose la liberté par l'abandon de nos petits intérêts personnels et nous ouvre un plein contact à l'Univers.

La simplicité naturelle et l'approche directe de la vie quotidienne inhérentes au Zen s'expriment parfaitement sous forme de bandes dessinées. Cet art est peut-être la seule façon efficace de traduire le chinois pour le public occidental. Les images facilitent l'accès à la compréhension profonde et incitent davantage à la réflexion. Enfin, c'est un moyen de choix pour ouvrir cette philosophie majeure aux enfants et aux adolescents.

Nous espérons que vous prendrez grand plaisir et grand intérêt à la lecture de cet ouvrage.

Note sur l'auteur/illustrateur

Tsai Chih Chung est né en 1948 au pays de Chang Hwa, sur l'île de Taiwan. A dix-sept ans, il débute sa carrière d'auteur de bandes dessinées, puis participe en 1971 au programme "Kuang Chi" dont il est le directeur artistique. Il crée la "Far East Animation Production Company" et la "Dragon Cartoon Production Company". En 1976, il produit deux films d'animation : "Le vieux maître Q" et "Le temple de Shao Lin".

Ses premières bandes dessinées sont publiées en 1983 dans des journaux et magazines taiwanais, puis à Singapour, Hong Kong, au Japon, en Malaisie, en Europe et aux Etats-Unis; il s'agit alors de séries comiques. Son succès lui vaut d'être choisi parmi dix autres jeunes artistes en 1985, par le cercle académique de Taiwan.

Sa première bande dessinée philosophique *The Sayings of Zhuang Zi* (Tchouang Tseu, le son de la nature*) est publiée en 1986 et marque un tournant important dans la carrière de Tsai. En deux ans, le livre est réédité plus de soixante-dix fois à Taiwan et quinze fois à Hong Kong. A ce jour, plus d'un million d'exemplaires ont été vendus.

En 1987, Tsai Chih Chung publia *The Sayings of Lao Zi* (Lao Tseu, le silence du sage), *The Sayings of Confucius* (Les dits de Confucius**), ainsi que le présent ouvrage. Ils furent suivis d'une vingtaine d'autres titres, dont dix sur les philosophes anciens et les autres sur les classiques historiques et littéraires. Ces ouvrages, traduits en japonais, coréen, thaï, anglais et maintenant en français, sont tous devenus des best-sellers.

Tsai Chih Chung est un des pionniers de la traduction en bandes dessinées des grands classiques de la littérature et de la philosophie.

---

* A paraître (1er trimestre 1993).
** A paraître (2e trimestre 1993).

Qu'est-ce que le Zen?

1
Un petit poisson demanda à un gros poisson :
J'ai beaucoup entendu parler de la mer, mais qu'est-ce donc ?
2
Tout ce qui t'entoure est la mer.
Pourquoi ne la vois-je pas ?

3
Tu vis et te déplaces dans la mer ; ton existence entière dépend d'elle Elle est en toi et autour de toi. La mer t'a fait naître et en mourant, tu retourneras à la source. Tel est ton être, la mer t'enveloppe.
!
Tchouang Tseu dit : "Les poissons vivent dans l'eau et n'en ont pas conscience. Les humains vivent dans le royaume du Tao et l'ignorent !" Les humains sont baignés par la mer du Zen sans connaître la nature du Zen.

Une Histoire de Vagues

1
Je me sens triste! Les autres vagues sont si grandes et moi je suis si petite. Les autres sont vigoureuses et je suis si chétive...

2
Ton chagrin n'existe que parce que tu ne conçois pas ta véritable nature.
Ne suis-je pas une vague?
3
La vague n'est qu'une manifestation transitoire de ta nature. En vérité tu es l'eau.
L'eau?
4
Si tu comprends clairement que ta nature est l'eau, tu n'accorderas plus d'importance à ta forme de vague et ton chagrin disparaîtra.
Je comprends. Je suis toi, tu es moi, et nous sommes un ensemble.
Les humains sont égocentriques : ils confondent l' «ego» et l'«être». C'est ainsi qu'ils se séparent des autres et créent la comparaison, source de chagrin. L'humanité n'est qu'une partie infime de l'immensité de la Nature. Pensez-y...

Le Zen dans une Tasse de Thé

1
Un professeur d'université visita le maître japonais Nan-In pour le questionner sur le Zen. Nan-In lui offrit une tasse de thé.

2
Il remplit la tasse et continua à verser alors qu'elle était déjà pleine.
3
Maître, la tasse déborde! Arrêtez de verser.
4
Vous êtes semblable à cette tasse : rempli de vos opinions personnelles et de vos propres pensées. Si vous ne videz pas d'abord votre tasse, comment puis-je vous montrer le Zen?
Oui.
Ceux qui sont remplis d'opinions personnelles seront sourds à la sagesse des autres. D'habitude quand deux personnes discutent, elles ne font qu'affirmer leurs propres vues. Il en résulte qu'elles n'entendent que ce qu'elles-mêmes disent et n'apprennent rien de nouveau.

L'Illumination

1
Tog! Tog! Tog!
Depuis des millénaires, nombreux sont ceux qui quittèrent leur famille pour rejoindre le Bouddhisme et pratiquer le Zen.
2
Peu leur importe d'investir une si grande quantité d'énergie à la recherche et à la contemplation. Mais qu'y gagnent-ils?
3
A une telle question, tout maître Zen répond invariablement :
4
Le vide (Wu)*
Si nous arrêtons de discriminer, de nous accrocher à l'illusion et aux pièges de la pensée, nous atteindrons la paix intérieure qui est un état de vide.

* Le caractère chinois "Wu" signifie aussi "illumination".

Cœur à Cœur

1
Quand Shakyamuni Bouddha séjourna à la montagne Gridhrakuta (pic de l'esprit), il s'assit pour parler.

2
Tout à coup, sans rien dire, il saisit une fleur et regarda les réactions de ses disciples. Ces derniers ne comprirent rien à l'action du Bouddha et le fixèrent bouche-bée.
3
Seul Kasyapa sourit face à cette révélation.
4

5
Comprendre, c'est percevoir soigneusement les mécanismes de la pensée, ne rien exclure et regarder le fond des choses avec un œil joyeux.
6
Un tel dharma subtil se situe au-delà des mots, au-delà de la spéculation philosophique.
Il ne peut être compris par la pensée logique, mais seulement par le regard intérieur.
7
8
Seul, Kasyapa a réagi et démontra ainsi sa compréhension. Je lui offre donc le cœur du Zen.
La pure loi divine et le cœur sans taches révèlent la perception et le regard intérieur. Ils conduisent naturellement à une vie juste. Telle est la loi du Zen.

Vivre l'Instant présent

1
Bouddha demanda à ses disciples : "Quelle est la durée de la vie humaine?

2
80 ans..
3
Faux.
4
70 ans.
Faux, faux!
60 ans.
5
Faux.
6
Quelle est alors la durée de la vie humaine?
7
Toute la vie est dans le souffle.
Ne spéculez pas sur le passé ou sur l'avenir, mais vivez dans le monde présent. Nous devons à chaque instant comprendre ce qu'est l'instant. Ce n'est qu'ainsi que nous percevons la beauté des choses.

Kasyapa

1
Lorsque Bouddha remit à Kasyapa sa tunique brodée d'or...
Le grand sage vous a transmis la robe brodée d'or. Vous a-t-il donné autre chose ?
Ananda demanda à Kasyapa :
2
Ananda !
3
Oui !
4
5
La nuit tombe. Allez ôter la bannière hissée à l'entrée du temple*.
!
La simplicité d'esprit est la voie. Ne vous en détournez pas en cherchant la vérité ailleurs. Observez attentivement les petites choses quotidiennes et la vie éclairera votre regard intérieur.

* Note : la bannière hissée à la porte du temple signifiait qu'un enseignant reconnu donnait un cours aux disciples.

Porter une Fille sur l'autre Rive

1
Le maître Zen japonais Tanzan et le moine Ekido rencontrèrent une belle jeune fille qui ne pouvait traverser une rivière.

2
Je vous porterai sur l'autre rive.
3
Merci Maître, et bonne chance.
4
Les deux compagnons continuèrent leur route pendant une demi-journée.
5
Nous les moines, nous n'approchons pas les femmes, n'est-ce pas? Pourquoi l'avez-vous fait tout à l'heure?
6
De quelle femme parlez-vous?
Je l'ai déposée il y a longtemps. La portez-vous
!
Celui qui porta la fille sur l'autre rive n'éprouvait aucune sensation de désir. Il agit avec spontanéité et sans intérêt personnel. N'était-ce pas l'autre moine qui cultivait des envies le long du chemin?

Le Ciel et l'Enfer

Un officier approcha le maître Zen japonais Hakuin Ekaku et demanda :
Le ciel et l'enfer, existent-ils vraiment ?

Qui êtes-vous ?
Je suis général.
Ha ! Ha ! Quel est l'idiot qui vous emploie comme général ? Vous ressemblez plutôt à un boucher.
Quoi !
Je vous tuerai.
Ici s'ouvre la porte de l'enfer.
Je suis désolé... Excusez ma brutalité...
Ici s'ouvre la porte du ciel.
Ce n'est pas après la mort que nous allons au ciel ou en enfer. Ces lieux sont "ici et maintenant" ! Le bon et le mauvais sont ancrés dans chaque pensée et les portes du ciel et de l'enfer s'ouvrent à nous à chaque instant.

Un Idiot haut placé

1
Les maîtres Zen japonais Gudo et Daigu furent invités par un haut fonctionnaire qui voulait s'initier au Zen.
Votre nature est d'être sage et vous possédez la capacité innée d'apprendre le Zen.
Gudo
Daigu
2
Sottise! Ce fonctionnaire idiot est peut-être haut placé, mais il ne connaît rien au Zen.
3
Après avoir entendu vos deux opinions que j'apprécie, je sais que faire.
4
Au lieu de construire un temple pour Gudo, le fonctionnaire choisit Daigu et apprit le Zen avec lui.
En dépit de la position sociale du fonctionnaire, Daigu récolta son estime par sa manière franche et directe de s'exprimer. Ne pas se laisser influencer par les apparences, ne pas nourrir le bien ou le mal dans son cœur, c'est cela être proche du Zen.

Si je ne vais pas en Enfer, qui ira à ma place?

1
Un homme demanda à un maître Zen :
Où va le moine après avoir vecu 100 ans?
Il devient un âne ou un cheval
2
Et ensuite?
3
Moi, j'irai en enfer.
Mais vous êtes un modèle de vertu; pourquoi donc descendriez-vous en enfer?
4
Si je n'y vais pas, qui d'autre me remplacera pour vous illuminer?
Si l'on n'associe le Dharma* qu'aux endroits "propres", ceci implique-t-il qu'il est absent des lieux "suspects" tels les toilettes malpropres? Le Dharma englobe tout et n'a pas de préférences. Il est certes présent au paradis, mais n'est-il pas plus utile en enfer?

* Dharma : l'enseignement.

Les Couleurs du Bambou

Un homme invita un artiste pour peindre un paysage de bambous.
Parfait.
Mais la couleur n'est pas bonne ; vous les avez peints en rouge...
Quelle couleur choisissez-vous alors ?
Le noir, bien sûr.
!
Qui a déjà vu des bambous noirs ?
Il est facile de relever les erreurs d'autrui. Mais nos propres pensées peuvent elles aussi être erronées, et cependant nous les croyons.

De l'Ordre dans la Vie et dans la Mort

1
Un homme riche demanda au maître japonais Sengai Gibon, peintre et calligraphe réputé, d'écrire quelques mots pour que la prospérité de sa famille puisse se transmettre d'une génération à l'autre.

2
Le père mourra
Le fils mourra
Le petit-fils mourra
Beurk !
Je vous ai demandé d'écrire pour notre bonheur. Pourquoi cette blague de mauvais goût ?
Désolé, mais c'est une bonne sentence.
3
Si votre fils meurt avant vous, vous éprouveriez un profond chagrin. Si votre petit-fils meurt avant vous, vous auriez tous les deux le cœur brisé.
4
5
Si les membres de votre famille disparaissent dans l'ordre que j'ai écrit, la vie se déroulera d'une manière naturelle. C'est ce que j'appelle la vraie prospérité.
Cela semble logique.
La mort est un état naturel, comme retourner chez soi après un long voyage. N'est-il pas plus heureux de mourir en accord avec le cours naturel de la vie que de subir une mort douloureuse ?

Rompre le Silence

Quatre moines décidèrent de méditer en silence pendant une semaine.

Le premier jour, le silence fut total. Mais au crépuscule, la flamme de la bougie commença à vaciller...
Oh, la bougie va s'éteindre!
Hé, nous ne devons pas prononcer un seul mot.
Pourquoi parlez-vous?
Ha! Ha! Ha! Je suis le seul qui n'a pas parlé.
Nombreux sont ceux qui — jugeant les erreurs des autres — sont eux-mêmes très faillibles.

Tout est "Vide"

1
Yamaoka Tesshu, un jeune japonais étudiant le Zen, consultait un maître après l'autre. Un jour, il rencontra Dokuon de Shokoku.
2
Très fier de lui, il voulut lui montrer son accomplis-sement.
Tout compte fait, l'esprit, Bouddha et les êtres sensibles n'existent pas.
3
Le "vide" est la vraie nature des choses. Il n'y a ni accomplissement, ni erreur, ni sagesse, ni médiocrité. Rien ne peut être donné ni reçu.
4
Toc!
Auch!
5
Pourquoi m'avez-vous frappé?
6
D'où vient cette colère si rien n'existe?
Ni bien, ni mal, ni souci, ni bon-heur; tout n'est que "vide". Cette affirmation profonde n'est pas comprise par l'homme ordinaire. Le Zen prôné par Yamaoka Tesshu ne consiste en rien d'autre que des paroles vaines.

Le Bouddha chez Soi

Yang Pu quitta sa maison pour rencontrer un bodhisattva* dans la province du Sechouan.
Où allez-vous ?
Je veux être le disciple d'un bodhisattva.
Ne serait-il pas mieux de chercher le Bouddha et non un bodhisattva ?
Oui, mais où le trouver ?
En rentrant chez vouz, si vous rencontrez un homme vêtu d'une couverture et de chaussures portées à l'envers, vous reconnaîtrez le Bouddha.
Bien.
Le jeune homme suivit ces indications et rentra chez lui à la nuit tombée.
Entendant la voix de son fils, sa mère se précipita à la porte. Poussée par la hâte, elle se jeta une couverture autour des épaules et enfila ses chaussures à l'envers. Elle ouvrit la porte et lorsque Yang Pu la vit ainsi vêtue, il fut profondément troublé.
La vérité ne se trouve pas au bout d'un voyage lointain. Elle doit se réaliser en nous-mêmes car ailleurs, nous ne la trouverons jamais.

* Bodhisattva : graine de Bouddha. Etre éclairé qui a choisi de se réincarner pour aider les humains.

Pointer le Doigt sur la Lune

1
Le moine Wu Jincang demanda au 6e Patriarche Huineng :
Depuis de nombreuses années, j'étudie le Mahaparinirvana Sutra, mais il contient beaucoup de sujets que je ne comprends pas. Eclairez-moi, s.v.p. !
2
Je ne sais pas lire. Lisez-moi les passages qui vous préoccupent et peut-être pourrais-je vous en expliquer le sens.
Vous ne savez même pas lire ! Comment alors pouvez-vous comprendre ?
3

4
La vérité ne dépend pas des mots. Elle peut être comparée à la lune scintillante dans le ciel.
De même, les mots sont semblables à un doigt.
5
6
Le doigt peut montrer la lune, mais le doigt n'est pas la lune. Pour la regarder, il faut voir au-delà du doigt, n'est-ce pas ?
Le langage et les mots ne sont que des symboles pour exprimer la vérité. Mais confondre les mots avec la vérité est tout aussi trompeur que confondre le doigt avec la lune.

Le Disciple voleur

1
Lorsque le maître Zen Bankei Eitaku faisait une retraite, des élèves venaient des quatre coins du Japon pour se joindre à lui.

Gare à toi, voleur!
Pardonne-le, s.t.p.
Ecœurant!
2
Pas question! Maintes fois déjà je l'ai excusé. Cette fois-ci, il ne s'échappera pas ainsi.
Si vous ne l'expulsez pas, nous nous en irons tous.
3
4
Vous êtes des frères sages car vous savez distinguer le bien du mal. Lui, il ne le sait pas. Si je ne l'éduque pas, qui le fera?
Je le garderai ici. Et peu importe si vous tous quittez le temple.
5
Entendant ces paroles, le moine voleur se jeta à terre, son visage plein de larmes. Il promit de ne plus jamais mal agir.
D'un troupeau de cent moutons, l'un peut s'égarer. On laisse alors les quatre-vingt-dix-neuf autres pour rechercher le mouton perdu. Aidez celui qui en a la plus besoin.

Le Voleur qui apprit la Leçon

1
Un voleur s'attaqua au maître Zen Shichiri Kojun.
Ton argent où je te tue.

2
L'argent est dans ce tiroir. Prends-le toi-même, mais laisses-en un peu pour que je puisse me nourrir.
3
On doit dire merci quand on reçoit un cadeau.
Merci !
4
Le voleur fut arrêté...
Il a volé votre argent, n'est-ce pas ?
5
!
Il ne l'a pas volé. Je lui ai donné de l'argent et il m'a remercié.
6
A la sortie de la prison, le voleur se rendit immédiatement chez Shichiri et le supplia de l'accepter comme disciple.
Dans la pratique, il est très difficile d'«oublier le couteau du boucher pour devenir un Bouddha sur-le-champ.» Quelle force nous conduit à abandonner le couteau? La compassion... et rien d'autre!

L'Ouverture

Comment trouvez-vous cet air
Pouvez-vous m'expliquer son sens ?
Et l'artiste se remit à jouer sa musique.
Voici le sens de cet air.
!
Employer des mots pour expliquer entraîne des erreurs. La réponse la plus adéquate se trouve dans la question elle-même.

Le Muet et le Perroquet

1
Quand un homme réalise "ce qui est", mais ignore comment l'exprimer, que penser de lui ?
Xuekuai demanda à Huilin Cishou :

2
Il est semblable au muet qui a goûté au miel.
3
Et si l'homme, ne sachant pas "ce qui est", en parle avec aisance, a quoi ressemble-t-il ?
4
Comment ça va ? Comment ça va ?
Au perroquet qui salue quelqu'un...
!
Soyons semblables au muet en apprenant le Zen : préservons l'intégrité intérieure, même si nous sommes jugés "faibles" d'esprit selon les normes habituelles. Bien pauvre celui qui parle comme un perroquet pour ne rien dire. Voici ce que dit le Zen.

Le Mort d'une Tasse de Thé

1 Petit garçon, le maître Zen japonais Ikkyu Sojun était déjà très brillant. Un jour, il brisa une tasse antique très rare, hautement estimée par son maître.
Aiii!

2
Hmmm!
3
Maître, pourquoi les gens doivent-ils mourir?
4
Ainsi est le monde : partout où il y a vie il y a mort aussi.
5
Maître, l'heure de mourir a sonné pour votre tasse de thé.
6
!
Hi! Hi! Hi!
Le processus de la vie est ce qu'il y a de plus précieux pour les humains. La mort suit naturellement la vie. Celui qui comprend le cycle de la vie et de la mort humaines accepte qu'il en soit ainsi pour toute chose.

Qui est-il ?

Kitagaki, gouverneur de Kyoto, se rendit au temple Tofuku pour visiter Keichu, qui le dirigeait.
Kitagaki, le gouverneur de Kyoto, demande une audience.
Je ne connais aucun gouverneur.
Mon maître vous demande de retourner chez vous car il ne connaît aucun gouverneur.
!
Dans ce cas dis-lui que Kitagaki cherche à le voir.
Bien, j'y retourne.
Oh, bonjour Kitagaki. Venez donc vous asseoir à l'intérieur.
La gloire, les titres, les accomplissements et la richesse incitent le petit ego à la vantardise. Il en résulte que l'être s'égare comme un voyageur qui ne trouve plus son chemin de retour.

Faire de Tour de Soi

Un médecin militaire accompagnait les troupes sur les champs de bataille. Il soignait les soldats blessés au combat.

Guéris de leurs blessures, ses patients repartaient sur les champs et continuaient à se battre. Et ils étaient blessés à nouveau ou tués...
Après avoir vu le même scénario se répéter encore et toujours, le médecin se retrouva en dépression nerveuse.
Pourquoi le sauverais-je alors que la mort est son destin ? Et si mes connaissances médicales ont un sens, pourquoi doit-il aller se battre et perdre ainsi la vie ?

5
Il ne comprit guère le sens d'être médecin militaire et en fut si confus qu'il ne pouvait plus soigner les autres.
6
Il partit dans les montagnes pour chercher un maître Zen.
7
Ayant vécu quelques mois auprès d'un maître...
8
... une lumière jaillit et il comprit son problème! Il descendit de la montagne et continua à exercer la médecine :
!
9
Il en est ainsi parce que je suis médecin.
Ne pas s'identifier à quoi que ce soit, ni associer quoi que ce soit au "moi" et voir que l'idée d'un "je" distinct du reste de l'Univers est pure illusion, voici la vraie sagesse.

Des Mots funestes

1
Je suis maintenant si âgée... Vous pouvez m'enlever la vie quand vous voulez, oh vénérable Bouddha!
Une vieille femme riche venait souvent prier au temple. Chaque fois qu'elle s'agenouillait face au Bouddha, elle disait :
2
Je vais lui préparer une farce.
3
Je suis maintenant si âgée... Vous pouvez m'enlever la vie quand vous voulez, oh vénérable Bouddha!
Ha! Ha!
4
Vieille dame, venez donc ce soir!
5
Wouah!
La vieille dame en mourut sous le choc.
Il est regrettable d'employer des mots flatteurs pour influencer les autres. Ceci provoque des drames. Ne pas dire ce qui est faux est la base de toute action juste.

Le Son de la Vallée

Il était une fois un Bouddhiste dévot qui partit à la montagne pour demander à un maître de lui montrer la porte d'entrée du Zen.
Sur votre chemin, vous avez traversé la vallée, n'est-ce pas ?
Oui.
Avez-vous entendu le son de la vallée ?
Oui, je l'ai entendu.
Dans ce cas, sachez que la porte d'entrée du Zen est là où naît le son de la vallée.
!
L'éclosion d'une fleur est merveilleuse, son flétrissement est beau aussi. Etre capable de percevoir la beauté de toutes choses ouvre la porte du Zen

Le Destin est entre nos Mains

1
Il y a fort longtemps, un général emmenait ses troupes combattre un ennemi dont la force leur était dix fois supérieure.

Sur la route, il s'arrêta près d'une chapelle pour prier et demander de l'aide.
2
3
Maintenant, je vais lancer une pièce. Si c'est face, nous gagnerons. Si c'est pile, nous perdrons.
4
Nos vies sont entre les mains du destin.

5
Cling!
6
C'est face.
Nous vaincrons.
Chargeons et liquidons l'ennemi.
Notre victoire est assurée.
7
Au cours du combat, l'ennemi, bien que très supérieur en nombre, fut effectivement battu.
8
Ceci est la volonté du ciel, personne ne peut changer le destin.
9
Ah oui?
Le général sortit alors la pièce de sa poche... Les deux côtés étaient des faces.
Le ciel est indifférent vis-à-vis de toute chose. Personne ne récolte une faveur particulière. Tu es le seul à pouvoir t'aider.

Plus on se presse, plus on est lent

Un jeune homme escalada une montagne pour rencontrer un maître d'armes réputé.
Maître, si je m'exerce assidûment, en combien de temps puis-je réussir ?
En dix ans peut-être.

Mon père vieillit et je dois m'occuper de lui. Si je travaille plus intensément, combien de temps me faudra-t-il ?
En ce cas, trente ans sont peut-être nécessaires.
!
Vous parliez de dix ans au début, qui se transforment en trente par la suite ! Je ne crains aucune privation, mais je dois y consacrer le moins de temps possible.
Tu auras alors besoin de soixante-dix ans pour maîtriser cet art.
!
Ceux qui sont trop avides dans leur course aux résultats finissent souvent par ne jamais rien accomplir. C'est exactement ce que signifie "avoir un esprit simple est la voie".

La Tasse du Général

1
Un general jouait avec une tasse antique de valeur élevée.

2
Aiii !
3
Il était moins deux !
4
Au risque de ma vie, j'ai dirigé des milliers de soldats à la bataille sans jamais avoir peur. Pourquoi alors suis-je si troublé pour une petite tasse?
5
Il réalisa finalement que l'attachement lui procurait peur de perdre et anxiété.
Il jeta alors la tasse par-dessus son épaule et elle se brisa.
Là où existent notion et sensation de gain et de perte existent plaisir et chagrin. Dépasser le bon et le mauvais, le gain et la perte, c'est la vraie richesse.

Donner et Recevoir

Je vieillis, aussi je te remets un livre d'enseignements en guise d'héritage.
Le maître Zen japonais Bunan Shido n'avait qu'un successeur, Shoju Rojin.
Vous m'avez enseigné le Zen sans aucun écrit et j'en suis heureux. Je préfère que vous gardiez le livre.

Ce livre est transmis depuis sept générations. Je te conseille de l'accepter comme le symbole de l'enseignement que tu as reçu. Prends-le.
Bien.
!
Que fais-tu ?
Que dites-vous ?
Comprendre et agir ne font qu'un. Dispenser un enseignement et ne pas le vivre est contraire au Zen.

Une Histoire d'Amitié

1
Bo Ya était un joueur de cithare réputé et son ami Zhong Ziqi appréciait beaucoup sa musique.
2
Chaque fois que Bo Ya jouait un accord dédié aux montagnes...
Très joli ! Il est aussi haut que le Mont Taishan.
3
Et quand il jouait pour les eaux vives...
Excellent ! Cet air est sinueux comme le Changjiang et la Rivière Jaune.
4
Zhong Ziqi tomba malade et mourut. Et Bo Ya ne rejoua jamais plus.
5
Il brisa les cordes de l'instrument. Depuis lors, "couper les cordes d'une cithare" est toujours employé pour définir l'amitié.
Il est difficile de trouver un véritable ami. Après la disparition de Zhong Ziqi, bien que demeurant cordial et chaleureux, Bo Ya sentait qu'il avait perdu la moitié de son être.

Une Lanterne éteinte

1
Un homme, quittant son ami aveugle, lui donna une lanterne.
Je n'ai pas besoin de lumière. Jour et nuit me sont indifférents.
Je le sais. Mais sans une lanterne, d'autres gens peuvent te heurter dans le noir.
Merci.
2
3
Aiii!
Autch!
4
N'avez-vous pas vu ma lanterne?
5
!
Mais elle est éteinte depuis longtemps.
6
Ceux qui empruntent les paroles des autres pour enseigner sont semblables à l'homme aveugle. Sa lanterne était éteinte, mais il l'ignorait.

Les Choses du Réel

1
Un voleur s'infiltra dans la maison du maître Zen japonais Ryokan Daigu, une simple hutte aux pieds d'une montagne.
!
!
Malheureusement pour lui, le voleur n'y trouva point de richesses.
2
3
Vous avez voyagé longtemps pour venir ici. Ne partez pas les mains vides... Prenez cette tunique.
4
5
Pauvre homme. Quel dommage que je ne puisse lui montrer la beauté de la lune.
La majorité des gens ne recherche que la richesse et les titres, mais combien de choses peut-on acquérir dans ce monde? Les étoiles, la lune, les montagnes et les rivières, chaque fleur et chaque brin d'herbe; tous sont là pour être appréciés.

Un Brin d'Herbe, une Goutte d'Eau

1
L'eau de son bain étant trop chaude, le maître Zen japonais demanda à son disciple d'ajouter de l'eau froide...
C'est bien maintenant.
2
!
3
Crétin! Chaque chose a son utilité. Les arbres aussi aiment l'eau ; il y a de la vie dans l'eau.
4
Pourquoi n'as-tu pas donné l'eau restante aux plantes? De quel droit gaspilles-tu ne serait-ce qu'une seule goutte d'eau?
5
A cet instant le disciple fut illuminé. Il changea son nom et se fit appeler Tekisui, ce qui signifie "une goutte d'eau".
滴水
Toute chose a son utilité. Peu importe son origine humble, la moindre chose a sa place au sein de la nature.

La Cause est Illusion

Que fait cet homme là-haut?
Allons le lui demander.

Attendez-vous un ami?
Non.
Alors vous êtes ici pour respirer l'air frais?
Non.
Etes-vous ici pour admirer le paysage?
Non.
Dites-nous alors pourquoi vous êtes ici?
Je suis ici.
La majorité des humains vit dans un monde de dualité où existent gain et perte, séparation et solitude. Il en résulte que nous nous sentons exaltés si le paysage est beau, désespérés s'il ne l'est pas.

Passé, Présent et Futur

1
Bouddha raconta une parabole :
Un homme rencontra un tigre dans la jungle...
Au secours!
2
Il courut vers une falaise et s'agrippa à une liane alors que le tigre feulait en bas, les mâchoires grandes ouvertes.
3
Deux souris, une blanche et une noire, se mirent alors à ronger la liane.
4
Craaac!
Oh!
5
Soudainement, il vit une très belle mûre tout près de lui.
6
Il la saisit et la mangea.
Quel goût délicieux!
Ne penser ni au passé ni au futur, mais chérir chaque instant que l'on vit : voilà le vrai bonheur.

Les grandes Vagues de l'Esprit

1 Il était une fois un lutteur nommé "Grandes Vagues". Sa force était immense et il connaissait tout de son art.
2 En privé, ses attaques étaient si puissantes que même ses maîtres n'arrivaient pas à le vaincre.

3 Mais en public, il était si lamentable que tous ses élèves le battaient.
Perdu !
4 Chagriné par ces défaites, il partit consulter un maître Zen.
5 Ton nom est "Grandes Vagues". Imagines que tu es ces vagues qui balaient tout sur leur passage, nettoyant ainsi leur chemin, et tu n'es plus alors celui qui a peur.
6 Sois ainsi et tu seras le meilleur lutteur du pays. Personne ne pourra te défier.
Merci !

8
"Grandes Vagues" resta au temple pour méditer, s'entraînant à visualiser. Au début, son esprit était agité et il pensait à toutes sortes de choses. Puis...
9
!
10
... la sensaton d'être une vague commença à l'envahir.
11
A la tombée de la nuit, les vagues devinrent de plus en plus fortes. Elles renversèrent les vases et les statues du temple...

12
Les vagues inondèrent la grande statue de Bouddha et même tout le temple...
13
Juste avant l'aurore il n'y avait rien d'autre qu'un immense océan à la place du temple.
14
!
Réveille-toi ! Tu as réussi.
Merci, maître.
Plus rien ne pourra te déranger désormais. Tu pourras être semblable aux vagues qui balaient tout sur leur passage.
15
16
Depuis lors, pendant les compétitions, "Grandes Vagues" s'imagina être semblable à ces vagues immenses. Il devint alors le plus grand lutteur du pays et personne ne pût jamais le battre.
Quand vous établissez un contact direct, vous devenez la chose et la chose devient vous.

Parce que je suis ici

Un moine âgé faisait sécher des légumes sous un chaud soleil.
Quel âge as-tu ?
68 ans
Pourquoi dois-tu encore travailler si dur ?
Parce que je suis ici.
Mais pourquoi travailler sous un soleil si chaud ?
!
Parce que le soleil est là.
La nature nourrit toutes choses, ne néglige rien et ne demande aucune récompense pour ses actions. Un être qui travaille durement sans se plaindre est en accord avec la nature.

Le Vide

1
Dessinez-moi, s.v.p., l'«essence» de cette situation : "Agir directement avec le cœur, voir sa nature essentielle et devenir un bouddha."
Yizhong était un peintre réputé.
2
3
Que faites-vous ?

4
J'ai fini la peinture. Voici l'«essence».
!
5
"Voir sa nature essentielle et devenir un bouddha". Pouvez-vous dessiner la nature "essentielle" afin que je puisse la voir ?
Montrez-moi d'abord "la nature essentielle", je la peindrai ensuite.
6
La "nature essentielle" se trouve à l'intérieur de chacun. Elle est intègre et ne manque de rien. Il nous incombe de la découvrir par nous-mêmes car aucun autre chemin ne nous y conduit.

Bouddha et Démon réunis dans la même Pensée

Une vieille femme était surnommée "sorcière pleureuse" car elle pleurait sans cesse, qu'il pleuve ou qu'il ne pleuve pas.
Vieille dame, pourquoi pleurez-vous ?
J'ai deux filles, l'aînée vend des chaussures en tissu et la cadette des parapluies.
Quand il fait beau, je pense à la cadette qui ne vend pas ses parapluies.
Et quand il pleut, je pense à ma fille aînée, car aucun client ne lui achète ses chaussures.

Je vous conseille de changer votre manière de penser. Quand il fait beau, les affaires de votre fille aînée prospèrent. Et quand il pleut, les parapluies de la cadette se vendent comme des petits pains.
Oh, vous avez raison !
Depuis lors, la "sorcière pleureuse" souriait toujours — peu importe qu'il pleuve ou que le soleil brille.
"Approcher l'essence signifie approcher l'état de Bouddha." Juger quelque chose bon ou mauvais ne dépend que de notre vision.

Le Cœur serein

1
Une nuit, pendant que le moine Dashe lisait dans sa chambre...
!
2
Je veux ton argent.
Voulez-vous voler de l'argent ou la vie de quelqu'un ?
3
Voici, prenez cela.
4
Atten-dez.
5
Fermez la porte en sortant pour empêcher les voleurs mesquins d'entrer.
!
6
Depuis des années, je suis un voleur. Mais jamais je n'ai éprouvé une telle honte.
Plus tard, le voleur raconta aux autres :
7
Les événements correspondent à "l'essence originelle". Quand ils sont accomplis, le cœur retourne au néant.

Le Dharma de la Montagne est constant

1
Un général était réputé pour sa grande fougue sur les champs de bataille.

2
Puis vint le temps où il réalisa l'aspect éphémère des choses et embrassa le Bouddhisme.
3
Souvent, les gens lui demandaient pourquoi il avait changé sa vie. Il répondit :
4
5
La montagne ne change pas. C'est mon cœur qui n'est plus le même.
!
L'homme juste s'observe avec lucidité, il est cohérent dans ses actes. Ainsi, s'il est laïque, ses actes sont laïques. S'il est religieux, ses actes sont religieux.

Le Moine en Mal d'Amour

La nonne japonaise Eshun resplendissait de beauté. Pendant un enseignement, un moine tomba amoureux d'elle.
Ah!

Il lui adressa un billet doux, lui demandant un rendez-vous.
Le lendemain, après un cours dispensé par son maître, Eshun se leva, s'adressant au moine amoureux et lui dit :
Si vous m'aimez vraiment, venez et embrassez-moi maintenant.
La nature humaine est jonchée de conflits; l'être est déchiré par des désirs opposés et ainsi disparaît l'harmonie de l'esprit. Nous avons besoin d'en être conscients à chaque instant.

Où va-t-on après la mort?

L'empereur japonais Goyozei étudiait le Zen avec le maître Gudo Toshoku.
L'esprit véritable du Zen est le Bouddha. Est-ce correct?
Si je dis oui, vous croirez comprendre. Si je dis non, je contredirai un fait que beaucoup comprennent.
Où va l'être illuminé après sa mort?
Je n'en sais rien.
Pourquoi l'ignorez-vous?
!
Parce que je ne suis pas mort!
Pendant la vie, apprécions sa beauté et ses mystères en tant que vivants. Il est inutile de s'occuper du monde de la mort. Vivez le présent. Il ne sert à rien de penser au lendemain car les événements de demain se dérouleront demain.

L'Escrime sans Sabre

1
Le Samouraï Yamaoka Tesshu maîtrisait son art avec une habileté exceptionnelle et personne ne pouvait faire face à ses deux sabres.
2
Devenu vieux, il avait renoncé à tuer et ne portait plus de sabre.
Le maître prétend que son corps entier est comme un sabre.
Nous allons bien voir !
3
A l'attaque !
4
5
Le maître tira d'un coup sec sa natte de paille.
Oh !
6
Ha, ha! Ha, ha!
La pratique profonde d'un art fait naître un esprit limpide comme l'eau. Un tel esprit utilise les moyens adéquats pour faire face à n'importe quelle situation.

Aviver les Flammes

Alors que le maître Zen Dahui Zonggao, de la dynastie Song, méditait à la montagne sauvage, un ancien général lui exprima le souhait de quitter sa maison pour devenir moine.
Quand je me serai débarrassé de mes mauvaises habitudes, je viendrai pour suivre votre enseignement, maître.
Bien..
Maître, je me suis débarrassé de mon ego. Je viens m'initier au Zen.
Il est trop tôt pour cela. Ta femme a trouvé un autre homme.
Quel crâne d'œuf ose dire de telles absurdités ?
!
Il est trop tôt pour quitter ta maison. Rentre chez toi et pratique encore quelques années avant de revenir.
Les mots et les actions sont deux expressions de notre esprit. Toutefois, nous sommes plus forts en mots qu'en actions, et les actions contredisent bien souvent les mots.

Le Démon intérieur

Un moine rencontrait une immense araignée chaque fois qu'il voulait méditer.
Je vois...
Quand je commence à méditer l'araignée géante apparaît. Malgré toutes mes tentatives pour la chasser, elle ne part pas.
Lors de la prochaine méditation, munissez-vous d'un pinceau. Si l'araignée réapparaît, dessinez sur son ventre un vaste cercle. Ainsi vous pourrez par la suite rechercher d'où elle vient.
Le moine suivit ce conseil. Lorsqu'il dessina le cercle, l'araignée s'en alla et il put méditer.
A la fin de sa séance, il fut stupéfait de voir le cercle dessiné sur son propre ventre.
Ha! Ha!
La vie humaine est jonchée de tourments et de perturbations. Les pires contrariétés sont le plus souvent nos propres créations.

Pauvreté et Richesse

1
Ouah! Un lohan en or.
Un paysan découvrit en pleine montagne une statuette en or de grande valeur.

2
Ha! Ha! Maintenant, nous pourrons vivre comme bon nous semble pour le restant de nos jours.
Il doit peser au moins 50 kg d'or pur.
Sa famille, ses proches et ses amis se réjouissaient pour lui.
3
Mais le paysan n'était pas heureux. Il boudait toute la journée et n'arrêtait pas de soupirer...
!!!
4
Tu es millionnaire maintenant. Pourquoi donc es-tu déprimé ?
Quel chagrin !
5
Parce que j'ignore où sont les 17 autres lohans*.
La vraie richesse ne réside pas dans le volume des biens, mais dans l'art de savoir se contenter.

* Selon la tradition bouddhiste (chinoise), il y aurait 18 statues sacrées en or massif baptisées lohans.

La Main de la Générosité

Un homme riche ne supportait pas de dépenser un sou, malgré sa grande fortune.
1
Un jour, le maître Zen japonais Mokusen Hiki vint lui rendre visite.
2
Supposez que mon poing soit toujours ainsi. Comment le décrirez-vous?
Difforme.
3
Supposez qu'il soit toujours comme cela. Qu'en direz-vous?
La même chose... difforme!
4
Si vous comprenez autant de choses, vous êtes un homme riche et heureux.
5
Tout concept tel le bien et le mal, avoir et ne pas avoir, profit et perte, moi et les autres, n'est que produit du mental discriminant. Le Zen est la voie du milieu qui n'est ni l'un ni l'autre.
Dès lors, l'homme riche ouvrit sa conscience. Il devint encore plus prospère en sachant distribuer ses richesses et dépenser son argent avec sagesse.
6

Le Mouvement perpétuel

Deux temples Zen étaient voisins, chacun avait un enfant sous sa protection. L'un d'eux se rendait tous les matins au marché pour acheter des légumes frais. Sur son chemin, il rencontrait inévitablement l'autre.
Où vas-tu ?
Je vais là où mes pieds me conduisent !
Le prochaine fois qu'il te répond ainsi, demande-lui : suppose que tu n'aies pas de pieds, où vas-tu alors ?
Cette fois-ci, il sera incapable de répondre.
Où vas-tu ?

Je vais là où le vent me pousse.
J'ai perdu une fois de plus. Il ne parlait pas de pieds, mais du vent.
La prochaine fois, demande-lui : s'il n'y a pas de vent, où vas-tu ?
Bien.
Où vas-tu ?
Je vais au marché.
Bouh ! Encore une défaite !
Chercher à élucider une situation par une réponse unique conduit à l'ignorance du mouvement et donc à l'incompréhension.

Le Rire qui unit Ciel et Terre

Un soir, le maître Zen Yaoshan Weiyan, de la dynastie Tang, grimpa sur une montagne.
Soudainement, les nuages et la brume se levèrent pour dévoiler une lune brillante. Et Yaoshan éclata de rire.
Ha! Ha!

Il rit si fort qu'on l'entendit jusqu'au village voisin.
La nuit dernière, j'ai entendu un énorme rire. Je me demande d'où il venait!
Je l'ai entendu aussi.
C'était le son de notre maître qui riait dans la montagne.
Dans n'importe quelle situation, dès que l'ego est absent, aucune séparation n'existe. Le rire de Yaoshan, dépourvu d'ego, faisait un avec le ciel et la terre.

Le Zen est au-delà des Mots

Yaoshan Weiyan n'avait pas enseigné depuis fort longtemps.
Les disciples aimeraient beaucoup écouter les discours du maître.
Très bien, sonnez la cloche pour réunir tout le monde dans la salle.
1

2
Ding!
Ding!
Ding!
3
4
!
!
Maître, pourquoi nous avez-vous quittés sans dire un mot ?
5
Il y a les maîtres sutra qui parlent des sutras. Il y a aussi les maîtres shastra qui parlent des commentaires. Je suis un maître Zen et le Zen ne peut s'exprimer avec des mots. En parler ne sert à rien. Pourquoi donc me le reprocher ?
!
6
Le Zen est au-delà du temps, passé, présent. futur. Il en a toujours été ainsi et les mots ne conduisent pas au Zen.

Les Nuages dans le Ciel clair, l'Eau dans la Cruche

1
Le lettré Li Ao se rendit chez Yaoshan, qui ne daigna pas se retourner à son arrivée.
Se regarder en face est plus important que d'entendre nos voix.
2
!
Monsieur Li!
3
Vous croyez en vos yeux, ainsi vous sous-estimez vos oreilles.
4
Je suis navré de mes mauvaises manières. Maître, pardonnez-moi.
5
Maître du dharma, quelle est votre définition du Tao?
6
Les nuages sont dans le ciel clair, l'eau est dans la cruche.
!
7
Nul besoin de se demander si les nuages se transforment en eau ou si l'eau redevient nuage. Quand tu es nuage, vole librement dans le ciel comme le font les nuages. Quand tu es eau, sois simplement semblable à elle.

Flocons de Neige

Pangyun, un homme illuminé, rendit visite au moine Yaoshan. Au moment du départ, Yaoshan demanda à ses disciples de le raccompagner.
Reconduisez notre hôte de ma part.
Bien.
!
Superbes flocons de neige, chacun tombe là où il doit tomber..
Oui, mais pourquoi tombent-ils?
Tes yeux sont ceux d'un aveugle et tu parles comme un muet. Comment oses-tu prétendre être un disciple Zen?
Dans ce monde, chaque chose a son utilité. Peu importe qu'elle soit grande ou petite, humble ou prestigieuse. Chacune a sa place. Pourquoi demander si cela est juste? Il en a toujours été ainsi!

Le Pont de Pierre de Zhaozhou

1
Selon une rumeur, le temple Guanyin de la province Hebel, posséderait le célèbre pont de pierre de Zhaozhou.

2
On dit que le pont de pierre de Zhaozhou est ici.. Mais je n'ai vu qu'un pont en rondins. Où est le pont de pierre?
Vous ne voyez que le pont en bois. Le pont de pierre de Zhaozhou est invisible.
3
Qu'est-ce donc que ce pont de pierre?
4
Celui qui sert aux ânes, chevaux et autres populations "perdues".
Le pont en bois est manifesté, mais son usage est limité car il ne sert qu'aux personnes qui veulent traverser la rivière. Le pont de pierre de Zhaozhou, non manifesté, représente la compassion du bodhisattva qui profite à tous les êtres.

Laver son Ecuelle

1
Au temple de Guanyin, un homme se fit moine. Il rencontra l'abbé Zhaozhou Congshen, de la dynastie Tang.

Votre disciple est là pour la première fois. Maître, guidez-moi.
2
As-tu mangé la nourriture?
Oui, je l'ai mangée.
3
4
Vas donc laver ton écuelle.
!
La perception, la pratique du Zen et l'action quotidienne sont identiques. Cette compréhension est vitale. Pratiquer le Zen signifie être alerte en tous temps; ce n'est pas la pratique forcée qui ouvre le regard intérieur.

Où pratiquer le Zen?

1
Quel genre de personnes pratique la Tao?
Quelqu'un comme moi.
2
Maître, êtes-vous aussi obligé de pratiquer le Tao?
3
Pratiquer le Tao signifie se vêtir...
4
... et manger.
5
Mais il ne s'agit là que de tâches triviales. Quel genre d'études peut-on faire pour pratiquer le Zen?
6
Que pensez-vous que je fasse quotidiennement ?
La pratique du Zen est dans les choses de tous les jours : laver son visage, manger, etc. Accomplissons-les avec conscience. La perception de la nature des choses résulte de ces actes quotidiens réalisés avec intégrité.

Le Cyprès et l'état de Bouddha

1
Le cyprès contient-il la nature du Bouddha ?
Oui, bien sûr.
Combien de temps faut-il pour atteindre l'état de Bouddha ?
2
J'atteindrai cet état au moment où le ciel tombe.
3
4
Quand le ciel tombera-t-il ?
5
Au moment où le cyprès atteindra l'état de Bouddha.
!
L'état de Bouddha est l'essence de toutes choses. Le sens du Zen concerne le monde entier : il est un avec la vérité. Et celle-ci existe depuis des millénaires. Après des millions d'années, elle sera toujours la même.

Le Retour à la Source

Toutes choses retournent à l'Un. Vers quoi retourne l'Un ?

Quand j'étais à Qingzhou, j'ai fabriqué une tunique de chanvre qui pesait sept livres.
L'Un n'est pas séparé de ses manifestations et tout vit en harmonie. Si les manifestations retournent à l'essence, l'essence retourne à la manifestation.

Qu'est-ce que Zhaozhou ?

Zhaozhou est le nom d'une petite ville, proche de Pékin. Elle fut baptisée ainsi en l'honneur d'un maître qui vécut ses dernières années au temple de Guanyin, où il mourut à l'âge de 120 ans. Un moine lui posa une question chargée d'un double sens :
Qu'est-ce que Zhaozhou ?
La porte est, la porte ouest, la porte nord, la porte sud.
Le Zen de l'homme de Zhaozhou est comme la ville de Zhaozhou, ouverte aux quatre vents. Il est aussi semblable à la générosité — prenez-en ce que vous voulez, elle est inépuisable.

Zhaozhou va à sa Recherche

Je cherche Zhaozhou. Comment faire pour le trouver?
Avancez tout droit sans tourner à l'ouest ni à l'est.
Je vais bien voir.
La vieille femme rencontrée sur mon chemin semble clairement comprendre les principes du Zen.
Je cherche Zhaozhou. Où est-il?
Avancez tout droit, ne tournez ni à l'est ni à l'ouest.
!
Après tout, elle est ignorante. Zhaozhou n'est-il pas juste en face d'elle?
La même réponse ne convient pas à chaque situation. La vie est action et changement.

Le Cyprès dans la Cour

1
Que signifie le dharma ?
Le cyprès dans la cour.

Ne me renvoyez pas à un objet.
2
Je ne vous ai pas renvoyé à un objet.
3
Que signifie le dharma ?
4
Le cyprès dans la cour.
5
La pureté de la vie est dans les montagnes vertes ; le son d'un cours d'eau est limpide comme le discours de Bouddha. Le cyprès est un avec la création entière.

Nulle Aide

Puis-je vous demander le sens du Zen?
J'aimerais bien vous en parler...
... mais je dois aller aux toilettes.
Réfléchissez-y : bien qu'il s'agisse d'une action triviale, je dois l'accomplir moi-même.
Mais peut-être pourriez-vous la faire à ma place?
Pour comprendre les choses de la vie et de la mort, nous devons chercher au fond de nous. Personne ne peut nous aider. S'appuyer sur les paroles d'autrui, c'est être comme un perroquet. Il répète n'importe quel mot sans en comprendre le sens.

Détaché de Tout

1
J'ai tout abandonné et je vais le cœur tranquille.
2
S'il en est ainsi, jetez-le !
3
Il ne reste plus rien dans mon esprit ; que devrais-je donc jeter ?
4
Alors emportez-le !
!
Celui qui se dit détaché de tout doit abandonner l'idée même du détachement. Celui qui est attaché à l'idée du détachement ne connaîtra jamais la paix de l'esprit.

Boire une Tasse de Thé

1
Etes-vous venu ici auparavant?
Oui, j'y suis déjà venu.
2
Entrez donc et prenez une tasse de thé.
Bien.
3
Etes-vous déjà venu ici?
Non, c'est la première fois.
4
Entrez et prenez une tasse de thé.
Bien.
!
5
Ceux qui sont déjà passés ici sont invités à boire une tasse de thé; et ceux qui viennent pour la première fois y sont aussi conviés. Que signifie cela?
6
Gardien!
7
Entrez et buvez une tasse de thé.
Peu importe qu'ils soient déjà venus au temple ou non, Zhaozhou les invita à boire du thé. Offrir du thé semble être une activité mondaine, mais c'est une expression du cœur même du Zen.

Deshan Xuanjian (780-865 après J.-C.)

Originaire de Jiannan (province de Sichuan), il fut nommé Zhou à sa naissance. Il quitta sa maison natale lorsqu'il était encore très jeune.

C'était un bouddhiste érudit particulièrement versé dans l'enseignement du "Sutra des Diamants" dont il avait tiré un commentaire. On le surnomma alors "Zhou du Diamant."

Ce Sutra soutient que des milliers d'années de pratique dure comme le diamant sont nécessaires pour atteindre l'état de Bouddha.

Lorsque Deshan apprit que l'Ecole Zen du sud affirmait que "l'esprit lui-même est Bouddha", il rassembla ses documents pour s'y rendre. Son intention était alors — pensait-il — de mettre fin à cet enseignement erroné.

L'école du sud est hérétique car elle ose soutenir la thèse "atteindre directement son esprit, voir sa nature originelle et s'approcher instantanément de l'état de Bouddha". Je vais détruire sa position..
Il emporta ses écrits intitulés "Dragon vert" sur le "Sutra du Diamant" et quitta le Sichuan pour se diriger vers le Hunan.
Vieille dame, j'aimerais vous acheter quelques pains.
Sur son chemin, il rencontra une vieille femme qui vendait des petits pains.
Que transportez-vous sur votre dos ?
Ce sont mes écrits, le "Dragon vert".

Quel Sutra expliquent-ils ?
Le Sutra du Diamant.
Très bien.
Permettez-moi une question : si vous pouvez y répondre, je vous offrirai des rafraîchissements.
Le Sutra du Diamant dit : "L'esprit passé ne peut être atteint, l'esprit présent ne peut être atteint, l'esprit futur ne peut être atteint." Quelle sorte d'esprit le moine instruit désire-t-il rafraîchir ?
Je... je suis incapable de répondre à une telle question.
!
Désolée, je ne vous offre pas à boire. Allez chercher ailleurs.

12
Depuis longtemps j'entends parler de Longtan (Etang du Dragon). Me voici arrivé, mais je ne vois aucun étang ni aucun dragon apparaître.
Vous êtes pourtant bien à Longtan.
Deshan n'eut d'autre choix que d'arriver l'estomac vide auprès du maître Longtan Chongxin.
13
Deshan resta silencieux près de maître Longtan jusque tard dans la nuit.
14
Il se fait tard. Allez vous reposer.
Bien.
15
Il fait nuit noire dehors.
16
Je vous donne une bougie.
17
Pfff!...

18
Longtan lui remit la bougie en soufflant et elle s'éteignit. A cet instant, Deshan fut illuminé.
19
Le lendemain, Deshan vint brûler son ''Dragon vert'' dans le temple.
20
La maîtrise d'une doctrine profonde est comme un cheveu dans l'univers. L'ensemble des connaissances humaines est comme une goutte d'eau dans l'océan.
Quand la lumière extérieure disparut, la lumière intérieure put naître. On ne peut réaliser pleinement ses potentialités qu'en écartant toute forme de dépendance.

Linji Ixuan (?-867 après J.-C.)
Créateur de la communauté Linji (Rinzai japonais)

Linji était natif de Nanhua, dans le district de Caozhou, qui est aujourd'hui la province de Shandong. Son nom de famille était Xing. Il fut un enfant brillant. Adolescent, il vécut dans un monastère bouddhiste où il étudia l'enseignement de l'école de Vinaya et les Sutras.

Toutefois, à peine âgé de vingt ans, il ressentit la nécessité de capter par ses propres expériences le sens profond des écritures. Il fit alors un voyage de 2.000 kilomètres pour quérir l'enseignement d'un maître Zen du sud. Ainsi, Linji se rendit au monastère de Huangbo Xiyun dans la province d'Anhui.

Après son éveil, il voyagea et s'installa finalement dans la capitale régionale Zhengzhou, province de Henan, où il créa le temple de Linji.

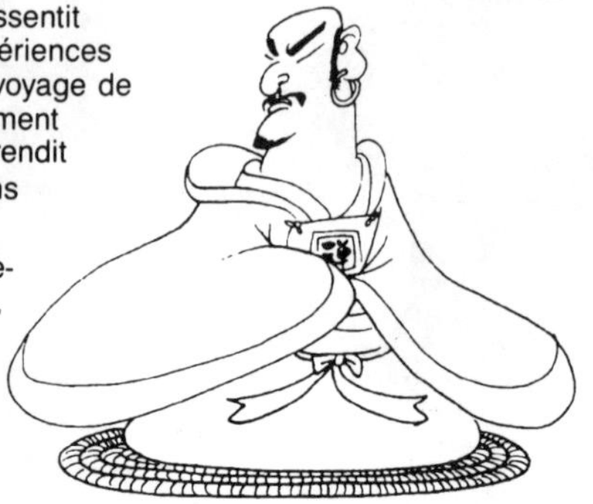

1
Ho!
Très souvent, Linji employait un cri (Ho) pour freiner les pensées duelles ou conceptuelles de ses disciples. Le cri de Linji et la technique du bâton de Deshan étaient bien connus.
Houppa!
Il en résultait que les disciples de Linji l'imitaient en utilisant le cri sans en connaître toutefois la raison.
Ho!
Ho!
2

3
Ho!
Ho!
Vous imitez sans cesse mon cri. Je vais maintenant vous questionner : Imaginez un moine sortant de la salle est et un autre de la salle ouest. Ils se rencontrent et chacun pousse un cri.
4
Pouvez-vous distinguer le cri de l'hôte de celui de l'invité ?
5
6
Si vous ne le pouvez pas, n'imitez plus mon cri.
Ce qui importe n'est pas le cri, mais la compréhension que l'hôte et l'invité sont la même personne. Qui est l'hôte ? Personne d'autre que votre être véritable.

Coup de Fouet

Un cri est parfois comme la précieuse épée de Vajraraja (le roi Diamant); parfois il est semblable au lion à la crinière dorée qui s'avance en rampant; parfois il est comme un attrape-nigaud dissimulé sous une touffe d'herbe; parfois un cri n'est pas du tout un cri.
Linji dit un jour à un moine :
1
Comprenez-vous cela?
2
Je...
3
Le moine hésita, et au moment même où il voulut répondre, Linji poussa un cri.
Ho!
4
Une fois éliminée la distinction entre le soi et les autres, l'intérieur et l'extérieur, le grand et le petit, le bon et le mauvais, l'ignorance et la sagesse, la vie et la mort, avoir et ne pas avoir..., la vérité du Zen et la clarté intérieure peuvent être compris. Ainsi commence une nouvelle vie. Cela ne se réalise pas par la pensée, mais par la perception.

L'Indépendance nécessaire

1
Un jour, Linji se rendit au temple du Bodhidharma (historiquement le fondateur du Zen en Chine).

2
Souhaitez-vous saluer d'abord le Bouddha ou le Patriarche ?
3
Ni l'un ni l'autre.
4
Qu'avez-vous contre le Bouddha et le Patriarche ?
5
Linji se drapa dans ses longues manches et partit.
Oh !
Chercher l'aide de Bouddha signifie le perdre ; il en va de même pour le Patriarche. Nous portons les trésors les plus chers ; ils se trouvent en nous Les chercher à l'extérieur signifie les les perdre.

La Vie et la Mort

生
死
Qianyuan Zhongxing, de la dynastie Tang, et son maître Daowu Yuanzhi, se rendirent à un enterrement pour présenter leurs condoléances.
Vivant ou mort?
Je dirai ni vivant, ni mort.
2
Je ne dirai simplement rien.
Pourquoi cela?
Vous pouvez me frapper, mais je ne dirai rien.
Si vous ne dites rien je vous frappe.
3
Quel triste individu! Vous refusez de dire à votre disciple ce que vous savez. Quel genre de maître êtes-vous?
Ouh! Ouh!
4
Voilà ce qu'il vous en coûte de ne rien me dire.
5

Quand Daowu mourut, Qianyuan se rendit chez Shishuang Qingzhu et lui posa la même question.
En entendant ces mots, Qianyuan s'éveilla.
Je dirai ni vivant ni mort
Un jour, Qianyuan saisit une hache, alla dans la salle d'enseignement et y tourna en rond.
Je cherche les vestiges de notre dernier maître.
Que faites-vous ?
De vastes vagues s'étendent au loin, des lames mousseuses submergent les cieux — quelles reliques de votre ancien maître cherchez-vous donc ?
J'essaye justement de le savoir.
Parmi les vivants, tout est vie. Après la mort, tout est mort. De notre vivant, il n'y a que la vie ; toute émotion vouée à la mort n'est qu'illusion.

Le Zen de Juzhi tient dans un Doigt

Maître Juzhi, de la dynastie Tang, vivait à Wuzhou, dans le Zhejiang. Ayant quitté sa maison pour devenir moine, il vivait dans un ermitage et pratiquait seul la méditation.
Un jour, la nonne Shiji (Réalité) lui rendit visite. Sans enlever son chapeau de pluie, elle tourna trois fois devant le maître.

Si vous parlez, j'enleverai mon chapeau.
Il doit y avoir une révélation Zen dans son attitude, mais laquelle?
Puisque vous ne pouvez me répondre, je vais partir.
Que cherche-t-elle à transmettre? Que signifie son chapeau de pluie?

7
Je ne vaux rien à côté de cette nonne. Quel est donc le sens de ma médi-tation solitaire ?
8
Il s'apprêtait à quitter son ermitage pour voyager à travers le pays et s'instruire auprès d'enseignants différents. Pendant la nuit, il rassembla ses affaires et se prépara pour le départ.
Z z z
9
Je m'appelle Hangzhou Tianlong. A voir votre mine mortuaire, quelque chose vous trouble ?
!
10
Juzhi croyait au sens profond des événements précédents.
11
Bien que j'habite un corps humain, je n'en ai pas l'esprit. Je ne peux même pas répondre à une question posée par cette nonne.
12
Voulez-vous connaître la bonne réponse ?
13
Maître, éclairez moi.
14
Toute la vérité se trouve en cela.

15
Dans ce doigt aux apparences nombreuses.
16
Il peut être Shiji avec son visage souriant...
17
Beuh!
Beuh!
... ou une foule en pleurs.
Beuh!
18
Tantôt il est le ruisseau murmurant, et ensuite une myriade de papillons en vol...
Ouh! Ouh! Ouh!
19
Tantôt il est le pic et ensuite le précipice.

Il ressemble au pic inébranlable, et à la bourrasque de vent frais...
Maître, je comprends tout! Un est tout et tout est un!
Maître! Le maître est parti...
Depuis lors, quand quelqu'un questionnait le maître Juzhi sur le Zen, il soulevait un doigt.
C'est cela!
Le Un crée la multitude, la multitude provient du Un. Les choses de ce monde sont diverses, mais leur source est la même. Le monde est dans un doigt; et celui-ci n'est pas séparé de tout.

Juzhi tranche le Pouce d'un Disciple

C'est cela.
Un disciple de Juzhi avait l'habitude d'observer son maître enseigner le Zen à l'aide de son doigt...
1

2
C'est cela!
En l'absence du maître, le disciple répondait aux questions à sa place.
Maître, quelqu'un est venu s'enquérir du dharma. Je lui ai répondu moi-même en montrant mon doigt.
!
3
Tu as agi comme le perroquet qui apprend à parler. Quel est ce genre de Zen?
4
Le pauvre garçon avait perdu son pouce.
Bouh!
5
Que signifie le dharma?
6
!
7
8
Le maître et le disciple levèrent chacun un doigt. Le garçon vit son pouce coupé et à l'instant même, il fut illuminé.
!
La connaissance des autres est la leur et nous ne pouvons la comprendre tant que nous ne développons pas notre propre perception.

L'Homme qui mordait un Arbre

Xiangyan Zhixian, de la dynastie Tang, questionna ses disciples : Supposez qu'un homme grimpe sur un arbre et s'accroche à une branche avec ses dents. Au même moment, quelqu'un vient lui poser une question.
Pouvez-vous me dire la signification suprême du dharma ?
S'il ne répond pas, il échappe à son devoir...
S'il répond, il perdra la vie.
Comment résoudre un tel dilemme ?
Ha! Ha! Ha!
Zhao, le supérieur du monastère Hu Tou, répondit :
Ne nous occupons pas du fait qu'il morde un arbre. Pouvez-vous me dire qui est cet homme ?
La vérité existait avant l'apparition des mots ; elle ne peut être perçue qu'au-delà des mots.

Le But est identique, seules les Voies diffèrent

1
Un moine demanda à maître Baling Haojian de la dynastie Song :
Nos enseignements sont-ils identiques à ceux des Patriarches ?

2
Quand les canards ont froid, ils se réfugient dans l'eau.
Quand les poules ont froid, elles se blottissent dans les arbres.
!
Le froid est le froid, mais les méthodes pour s'en protéger sont multiples. Chacun de nous emprunte son propre chemin pour atteindre un même but. Penser qu'il n'existe qu'une seule voie conduit à manquer le but.

Six en Un

Comment peut-on acquérir l'expérience de sa nature profonde ?
Yangshan Huiji, de la dynastie Tang, demanda au maître Zhongyi Hongen.
Imaginez une maison à six fenêtres, habitée par un singe...
A l'est, quelqu'un s'approche et appelle le singe Shan Shan.
Shan Shan !
Shan Shan répond à l'appel et les six fenêtres émettent toutes le même son.
Le monde que l'on perçoit à l'aide des six sens : la vue, l'ouïe, l'odorat, le goût, le toucher et la pensée, est-il réel ? En dépassant les limitations des sens physiques, vous pouvez écouter avec les yeux et voir avec les oreilles, et vous réaliserez rapidement que tous les sens ne font qu'un.

Trop proche pour voir

1
Un jour, lorsque Nanquan Puyuan coupait l'herbe dans le jardin, un moine errant lui demanda son chemin.
2
Puis-je vous demander le chemin menant au temple de Nanquan ?
Cette faucille m'a coûté trente pièces.
3
Ce n'est pas la faucille qui m'intéresse, mais la route pour aller au temple.
4
Cette faucille s'avère très tranchante à l'emploi.
5
!
Celui qui se perd dans les pensées perd sa nature originelle. Il se borne aux mots et aux descriptions ; et quand il rencontre l'essentiel, il ne peut le percevoir.

L'Univers dans une Graine de Moutarde

1
Au temps de la dynastie Tang vivait un homme nommé Li Bo, passionné de livres. Il lisait tellement qu'on le surnommait "Li l'encyclopédie". Un jour, il demanda au moine Guizong Zhichang :

2
Le Vimalakirti Sutra dit : "Le mont Sumeru (le monde manifesté) contient une graine de moutarde et une graine de moutarde contient le mont Sumeru." Je peux comprendre la première affirmation, mais la seconde, n'est-elle pas une fable dépourvue de sens?
3
Ah...
Tout le monde vous surnomme "Li l'encyclopédie". Pouvez-vous me dire comment cette encyclopédie peut se trouver dans votre petit crâne?
Maints intellectuels réputés n'ont étudié le Zen que pour en parler ou pour accroître leur renommée. Ils le considèrent d'un intérêt élevé et l'emploient pour prouver leur supériorité sur les autres. Ainsi, ils ne font que renforcer leur égotisme.

Le Moine sans Compassion

1
Une vieille femme hébergeait depuis vingt ans un moine. Elle lui avait construit une cabane et le nourrissait.
Amitabha Bouddha.
2
Une belle jeune fille lui apportait de quoi manger et le regardait méditer.
3
La prochaine fois que tu lui apportes son repas, embrasse-le pour apprécier le résultat de sa méditation.
D'accord.
4
Comment vous sentez-vous ?
5
Comme un vieil arbre sur un rocher glacé en hiver ; comme le manque de chaleur au plus profond de l'hiver.
6
Pendant vingt ans, j'ai entretenu un imbécile.
Lorsque la vieille femme entendit cela, elle chassa le moine et brûla la cabane.
Il va de soi qu'un moine est supposé ne pas épier les femmes, mais après vingt ans de méditation, le moine était encore dépourvu d'un cœur compassionné. Un minable complet.

Etre véritable, réveille-toi!

1
Le maître Zen Ruiyan Shiyan, de la dynastie Tang, se parlait souvent à lui-même.
2
Etre véritable!
Oui!
3
Réveille-toi!
4
Oui! Oui!
5
6
Sois serein face aux autres!
7
Oui! Oui!
L'homme est souvent à la merci des événements, confus et agité par manque de clarté intérieure et par l'entretien des cicatrices du passé. Que chacun soit profondément conscient de lui-même et puisse ainsi devenir son propre maître.

La simple Vérité est difficile à suivre

Bai Juyi se rendit auprès de maître Daolin (surnommé "Nid d'oiseau"), de la dynastie Tang, pour le questionner sur le Zen
Que faut-il pratiquer tous les jours pour être en accord avec le Tao ?
1

2
Eviter de faire le mal, agir toujours le mieux possible.
Même un enfant de trois ans sait cela !
3
4
Bien qu'un enfant de trois ans le sache, il est fréquent qu'un homme âgé de 80 ans oublie de vivre ainsi !
!
Chacun connaît la logique de la vérité, mais combien la pratiquent réellement ?

Vivre et Penser simplement

1
Maître, comment dois-je pratiquer le Tao ?

Manges quand tu as faim ; dors quand tu es fatigué.
2
N'est-ce pas ce que font tous les gens ?
3
Non, non, non ! La majorité n'agit pas ainsi.
4
Les humains sont remplis de pensées et de désirs quand ils mangent et les soucis les suivent pendant leur sommeil.
5
Combien sont ceux qui se réveillent chaque matin l'esprit chargé des choses du passé ? Dissipons les tourments intérieurs et vivons en accord avec notre nature profonde ; le Tao est dans la vie quotidienne.

Qui n'est pas le Meilleur?

1
Donnez-moi une livre du meil-leur morceau.
Panshan Baoji, de la dynastie Tang, croisa l'étal d'un boucher qui vendait du sanglier..

2
Mais quel morceau n'est pas le meilleur?
!
3
En entandant le boucher, Panshan eut une illumination.
Chaque moment de la vie est le meilleur moment, chaque endroit est le meilleur. Si seu-lement vous pou-viez percevoir cela avec votre cœur tout entier...

Le Parfum de la Fougère

1
Quel est le profond mystère du Zen?
2
Confucius dit : "Je ne t'ai rien caché." Le Zen est pareil, il ne cache rien.
3
Je ne comprends toujours pas.
4
Venez avec moi, allons-nous promener dans la montagne.
5
Avez-vous senti le parfum de la fougère?
Yes!
6
!
Dans ce cas, je ne vous ai rien caché.
La vie est maintenant et la conscience existe avant nous. Soyez conscients de chaque moment de la vie. Ainsi, chaque nuit sera joyeuse comme le printemps et chaque jour sera un jour heureux.

Les Bambous longs, les Bambous courts

1
Qingping demanda à maître Cuiwei Wuxue, de la dynastie Tang :
Quel est le sens du dharma ?
2
Attendez que nous soyons seuls et je vous le dirai.
Bien, très bien.
3
Les autres sont partis. Pouvez-vous m'en parler maintenant ?
Suivez-moi.
4
5
Regardez : ce bambou-ci est long et celui-là est court.
Les gens peuvent être sages ou ignorants, les bambous longs ou courts. Long, court, sage, ignorant — rien ne permet de les juger bons ou mauvais. Le long a ses avantages et le court son utilité.

Ni Moi, ni Autre

Sous la dynastie Tang, Yunyan Tansheng rendit visite au maître Baizhang Huaihai, qui dirigeait un monastère. Baizhang était réputé pour sa maxime "Un jour sans travailler, un jour sans manger."

Dans quel but travaillez-vous avec tant d'acharnement tous les jours ?
Quelqu'un en a besoin.
Pourquoi ne le fait-il pas lui-même ?
Il n'en a pas les moyens.
!
Moi et l'autre — cette pensée duelle est source de soucis. Ayons un cœur large qui ne sépare pas le moi des autres, et aidons celui qui en a le plus besoin.

Je suis ici

Yunyan préparait le thé lorsque son disciple et ami Daowu entra...
Pour qui préparez-vous du thé ?
Quelqu'un aimera en boire.
La personne qui veut boire du thé ne peut-elle pas le préparer elle-même ?
Eh bien, j'étais tout près de la théière.
Celui qui comprend ne sépare pas l'hôte de l'invité (analogie Zen qui exprime le moi et l'autre). Il est moi et je suis lui. Toutefois, on peut distinguer l'hôte de l'invité et même inverser leurs rôles. Mais à chaque instant, ils peuvent ne faire qu'un.

Jingqing et le Son de la Pluie

1
Jingqing Daofu, de la dynastie Tang, dit à son disciple :
Quel est ce son dehors ?
Le son de la pluie.
2
Les êtres sensibles sont inversés. Ils se perdent eux-mêmes pour suivre leurs sensations erronées.
!
3
Maître, quelle est la sensation juste ?
4
Je suis le son de la pluie.
Sans discriminer, soyons un avec les phénomènes, sans exclure ne serait-ce que le son d'une goutte de pluie. Ainsi, le deux devient un et le regard s'ouvre complètement.

Ne pas voir la Vérité

Le fonctionnaire, Wei demanda à maître Xuansha Shibei, de la dynastie Tang :
Quelqu'un disait que nous nous "en" servons tout le temps sans savoir "ce" que c'est. Quelle est cette chose ?
Prenez donc un fruit.
Merci.
Miam !
Maître, vous ne m'avez pas, répondu. Qu'est-ce que "cela" ?
C'est cela. Vous l'utilisez tous les jours sans savoir ce que c'est.
"Comprendre le Tao n'est pas difficile si l'on arrête de discriminer et de choisir." En demandant le chemin qui mène à la compréhension, vous commettez une grave erreur. C'est ainsi parce qu'il n'y a pas de voie — nous vivons au milieu du Tao.

Rien ne manque

1
Shitou Xiqian*, de la dynastie Tang, était l'un des disciples du 6e patriarche Huineng qui enseignait à Caoxi.

2
D'où venez-vous ?
De Caoxi où j'ai écouté Huineng.
3
Qu'avez-vous appris à Caoxi ?
4
Que je ne manquais de rien avant de m'y rendre.
5
Pourquoi alors êtes-vous allé à Caoxi ?
6
Si je n'y étais pas allé, comment saurais-je que je ne manque de rien ?
Aucun enseignant n'apportera au disciple la vision juste. Il ne peut que l'aider à embrasser le tout et ainsi acquérir le regard intérieur par lui-même.

* Shitou était un grand maître et enseignait, avec Mazu Daoyi, à plus de 160 disciples. Pendant son enfance, Shitou était déjà connu pour son caractère particulier : une fois, il détruisit l'autel d'un village de Liao et sauva le bœuf qui allait y être sacrifié.

Au-delà des Mots

"Deux personnes se promènent sous la pluie et le ciel ne mouille pas une personne." Comment expliquez-vous cela?
1
2
L'une porte un imperméable, l'autre pas.
Parce que la pluie est irrégulière et ne tombe que sur l'une des deux personnes.
3
L'une marche au milieu de la route et l'autre s'abrite sous les toits des maisons.
4
Toutes vos réponses sont fixées au terme "ne mouille pas une personne". Ainsi, vous ne pouvez trouver le sens.
5
"Ne mouille pas une personne", ne signifie-t-il pas que les deux étaient trempées?
6
Un doigt peut être pointé sur la lune, mais la lune n'est pas au bout du doigt. Les mots décrivent la vérité, mais la vérité n'est pas contenue dans les mots. Chercher l'illumination par les mots signifie se perdre dans un monde verbal et ainsi ignorer la vérité.

Etre et ne pas être

1
L'élève Zhangzhou demanda à maître Xitang Chizang, de la dynastie Tang :
Le paradis et l'enfer existent-ils ?
Oui.

2
Ceci n'est pas vrai. Une fois, j'ai questionné le maître Qinshan Wensui sur le Zen, et tout ce qu'il me disait était "rien".
3
Cher ami, combien de membres compte votre famille ?
4
Une épouse et deux enfants,
5
Et combien de membres compte la famille de Qinshan ?
6
Qinshan est un moine qui a quitté ses proches. Comment peut-il avoir une famille ?
7
Votre parole est celle d'un père de famille. Avant d'affirmer que tout est "rien", vous devez vivre comme Qinshan.
Chaque situation est différente. Aucune "règle fixe" n'existe dans le monde ; le tout dépend de la situation de chacun.

Suivre le Courant

1
Après son illumination, le maître Zen Damei Fachang se retira dans un ermitage à la montagne où il vécut 30 ans avant d'accepter des disciples.
2
Un jour, un moine novice égaré de son chemin rencontra Damei.

3
Depuis combien de temps vivez-vous là ?
Je ne vois que la montagne changer du vert au jaune, selon les saisons.
4
Quel chemin puis-je emprunter pour quitter cette montagne ?
5
Suivez le courant.
L'action est très facile, mais les humains la rendent ardue de par les restrictions qu'ils s'imposent. C'est ainsi que le moindre souffle de liberté est étouffé.

De la Difficulté d'avancer et de reculer

1
Si vous avancez d'un pas, vous perdez le Tao ; si vous reculez d'un pas, vous perdez la manifestation. N'avancer ni reculer signifie être comme la pierre qui ne connaît rien. Que faut-il faire alors ?
Le maître Zen Fayun, de la dynastie Tang, dit un jour à ses disciples :

2
Comment éviter l'état de "non-connaissance" ?
3
Disciples, faites de votre mieux.
4
Comment faire pour ne pas perdre le Tao et ne pas renoncer à vivre la manifestation ?
5
Avancez d'un pas en même temps que vous faites un pas en arrière.
Avancer signifie reculer et vice-versa. Les deux sont liés à la fois au gain et à l'abandon. Et ceci est l'harmonie.

Le Moine sans Humour

Baiyun Shouduan, de la dynastie Tang, était un disciple assidu, mais il manquait d'humour.
Quel était votre précédent maître ?
Son maître Yangqi Fanghui lui demanda un jour :
Le maître Yue de Chaling.
J'ai entendu dire qu'en traversant un pont, il tomba à l'eau et que c'est ainsi qu'il fut illuminé. Il en a fait un poème initiatique.
Oui, je m'en souviens.
Je possède un joyau étincelant.
Longtemps, il est resté enseveli sous les tracas de ce monde.
Ce matin, le voile poussiéreux s'est levé, découvrant ainsi sa lumière.
Illuminant rivières, montagnes et dix mille autres choses.
Ha! Ha! Ha

Ha! Ha!
Shouduan ne comprit pas le rire du maître, et ne put fermer l'œil de la nuit.
Le lendemain matin :
Maître, pourquoi le poème de maître Yue vous a-t-il fait rire?
As-tu vu les comédiens dans la rue hier?
Oui, en effet.
Maître, à quoi faites-vous allusion?
En quoi es-tu différent d'un comédien?
Les comédiens veulent faire rire les gens, mais toi, tu es effrayé par les gens qui rient.
En entendant ces mots, Shouduan fut illuminé.
Le Zen est au-delà de la logique. Sa pratique consiste à observer la vie quotidienne et à mener son existence sans rigidité suffocante ni dispersion.

Danxia brûle une Statue de Bouddha

Le maître Zen Danxia Tianran, de la dynastie Tang, séjournait au temple Huiling. Un jour d'hiver glacial, il brûla une statue de Bouddha pour se réchauffer.
1
Comment osez-vous brûler une statue de Bouddha ?
2
3
En brûlant cette statue, je cherche à trouver de la sharira*.
4
Ha...
Comment pouvez-vous espérer trouver de la sharira dans une statue en bois ?
5
S'il n'y en a pas, laissez-moi donc prendre les deux autres statues pour entretenir le feu.
L'homme du Tao n'a pas de "moi"; il ne peut se sentir coupable d'agir mal ! Agir sans aucune notion de "moi", c'est être libre de tout jugement de valeur.

* Sharira : Substance indestructible, généralement sous forme de cailloux, que l'on dit trouver dans le corps d'un homme sage lors de sa crémation.

Agir selon les circonstances

1
Que pensez-vous de Danxia qui a brûlé une statue de Bouddha ?
2
Quand il fait froid, il est bon de se réchauffer.
3
Est-il coupable ou non d'avoir mal agi ?
4
Quand il fait chaud, abritez-vous sous les bambous rafraîchissants.
!
La vie véritable suit son cours naturel. Acceptons-la à cœur ouvert telle qu'elle se déroule au quotidien : mangeons quand nous avons faim et dormons quand nous sommes fatigués. Les fous en riront mais les sages comprendront.

S'unir à l'Univers

Comment faire pour que les montagnes, les rivières et la terre deviennent partie intégrante de moi ?

Unissez-vous vous-même aux montagnes, aux rivières et à la terre.

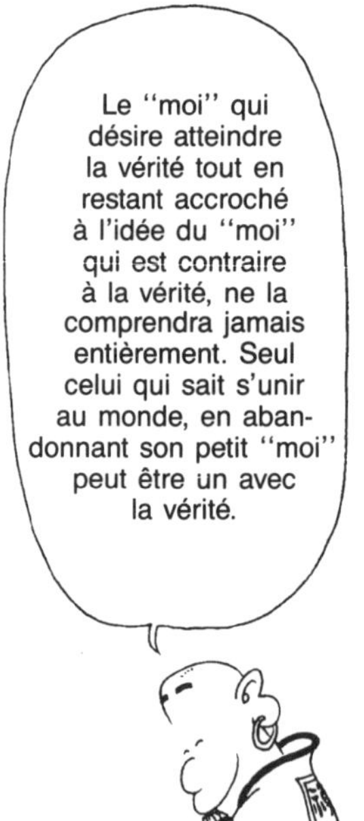
Le "moi" qui désire atteindre la vérité tout en restant accroché à l'idée du "moi" qui est contraire à la vérité, ne la comprendra jamais entièrement. Seul celui qui sait s'unir au monde, en abandonnant son petit "moi" peut être un avec la vérité.

Le Changement est l'éternelle Vérité

1
Maître, le corps physique se décompose ; existe-t-il une vérité qui ne change jamais, qui est éternelle ?
Oui, il y en a une.

2
Elle est semblable à la beauté des fleurs de la montagne, elle est belle comme une broche d'or.
Elle ressemble aux eaux calmes d'une rivière qui suit naturellement son cours.
Les fleurs se fanent facilement, mais jamais elles ne cessent de fleurir ; les eaux coulent inlassablement et pourtant, la rivière semble inchangée. Le sens de la vie se trouve dans son déroulement. Le changement est l'éternelle vérité.
3

Y a-t-il autre Chose que le Dharma?

Un disciple s'apprêtait à quitter le maître Zen Daolin, de la dynastie Tang (surnommé "Nid d'Oiseau" parce qu'il méditait sur les arbres)...
Merci de votre aide. Je vous quitte maintenant.
Où allez-vous?
1

J'irai courir le monde pour connaître le dharma.
2
3
Le dharma? J'en possède un brin ici...
Où-est-il?
4
Il arracha un fil de sa robe...
5
6
N'est-ce pas un brin de dharma?
!
L'essence de l'Univers se trouve en soi, pourquoi la chercher dans les contrées lointaines? Tout est de la nature même du Bouddha, tout est dharma. Ceci n'est ainsi que pour celui qui vit la vérité.

Saisir le Néant

1
Shigong Huicang, de la dynastie Tang, demanda à son disciple Xitang Chizang :
Pouvez-vous saisir le néant ?
Oui, je le peux.

2
Montrez-moi alors comment vous faites.
Très bien.
3
4
Est-ce tout ? Vous n'avez rien touché !
Alors dites-moi ce que j'aurais dû faire.
5
Faites comme ceci.
Ouch ! Vous me faites mal !
6
Puisque la manifestation est vide et le vide est manifestation, il vaut mieux saisir le nez de quelqu'un que de ne rien toucher. Vous êtes ainsi plus proche de la vérité !

L'Esprit du Feu vient du Feu

Qu'est-ce que Bouddha?
Xuanze demanda à Qinfeng :

L'esprit du feu vient du feu.
!
Ha! Ha! Ha! J'ai compris!
J'ai compris.
L'esprit du feu est identique au feu. En se manifestant par le feu, il est comme moi qui, étant un Bouddha depuis le début, cherche à connaître la nature de Bouddha. Toute question est alors superflue puisque je suis déjà Bouddha.
Que déduisez-vous des paroles de Qinfeng?

Vous n'avez rien compris.
6
7
8
C'est étrange. Ma réponse est pourtant juste. Où est le problème ?
Puis-je vous demander... qu'est-ce que Bouddha ?
9
L'esprit du feu vient du feu.
10
!
11
Je comprends ! Je comprends ! Ça y est, cette fois-ci, j'ai vraiment compris.
12
La première réponse n'était qu'une réflexion. intellectuelle. Mais au moment où Xuanze abandonna ses pensées, il connut une illumination instantanée.

La Voie de la Vérité est en face de nous

Un disciple Zen demanda à maître Yuezhou Qianfeng, de la dynastie Tang :
Les bouddhas des dix parties de l'Univers parcourent tous la voie du Nirvana. Où commence-t-elle ?
1

Ici même.
2

Le sens de la vie ne se trouve pas dans un monde lointain et abstrait. Il réside dans l'attention donnée aux événements et aux détails de la vie quotidienne. La perception doit être centrée sur le champ de la vie. Arrêtons de chercher la vérité ailleurs car elle est là, juste devant nous.

Ni chaud ni froid

Un disciple demande à maître Dongshan Liangjie, de la dynastie Tang :
Comment faire pour éviter le froid et le chaud ?

Aller dans un endroit où il fait ni froid ni chaud !
Quel est ce lieu qui ne connaît ni froid ni chaud ?
Quand il fait froid, ton ego se refroidit à en mourir.
Quand il fait chaud, ton ego s'étouffe à en mourir.
La pratique du Zen ne nécessite aucun endroit particulier. La chaleur et le froid de l'ego éliminés, le bien-être s'installe naturellement. La vie et jonchée d'oppositions qui proviennent de nos jugements de valeurs. L'être qui fait un avec le chaud et le froid ne les considère pas comme oppositions. Il en résulte une vie harmonieuse, dépourvue d'antagonismes.

La Nonne qui devient Moine

Comment pratiquer le Zen pour devenir moine* dans ma prochaine vie?
Une nonne demanda à maître Longtan Chongin, de la dynastie Tang :
Depuis combien de temps êtes-vous une nonne?

Ma question est : ai-je une chance de devenir un moine?
Qui êtes-vous actuellement?
Je suis une nonne, qui peut l'ignorer!
Oui, mais qui vous connaît?
Bien que d'apparence différente, les hommes et les femmes sont un dans le Zen. Il est absurde de les croire différents. Que peut espérer apprendre celui qui croit en l'absurdité de la différence?

* Selon la croyance traditionnelle, l'illumination est réservée aux hommes.

Trois Livres de Chanvre

Un moine novice demanda à maître Dongshan Shouzhu, de la dynastie Tang :
Qu'est-ce que Bouddha ?
Trois livres de chanvre.
J'ai questionné Dongshan sur le sens du Bouddha et il a répondu trois livres de chanvre ! Que dois-je comprendre ?
Intrigué, le moine se rendit chez le maître Zhimen Guangzu :
Bosquets fleuris, forêts multicolores.
Je ne comprends toujours rien.

Bambous du sud, bois du nord.
Plus j'en entends et moins je comprends.
6
Le moine retourna alors chez Dongshan avec l'espoir d'enfin comprendre.
7
Les mots ne traduisent pas les actes, les discours ne s'accordent pas aux circonstances. Ceux qui croient aux mots se perdent et ceux qui s'accrochent aux phrases se bercent d'illusions.
8
Imaginez un chien heurté par une pierre. Le chien se retourne et regarde la pierre qui l'a frappé. Mais si la pierre touche un lion, celui-ci ignore la pierre et se lance à la poursuite du lanceur. Pratiquer le Zen implique être comme le lion et non comme le chien.
9
Les propos d'un adepte du Zen ne sont valables que pour une situation donnée ; ils sont comme des "têtes de chapitre" conduisant à une réalité plus profonde. Le sens littéral n'est pas le sens du Zen.

Un Buffle traverse une Vitre

Le maître Zen Wuzu Fayan, de la dynastie Song, cite cette histoire : un buffle se lance à travers une vitre.
1
Les cornes et les quatre pattes passent...
2
... mais la queue reste coincée !
3
On peut se résoudre à abandonner les choses du monde pour se vouer à la pratique du Zen et garder toutefois le désir de gloire et de reconnaissance. En ce cas, on garde la même faiblesse que celle du buffle qui traverse une fenêtre en restant la queue coincée. Un tel aveuglement rend la perception inefficace.

Etre son propre Maître

1
La Nature engendre toutes choses.
2
Le non manifesté est par essence unique, complet et silencieux.
3
Etre comme un maître pour toutes choses,
4
Et voyager au-delà du temps.
Les humains sont par essence Un avec le Tout. Celui qui comprend qu'aucune séparation n'existe est le Tao, Bouddha et l'esprit du Zen. Etre son propre maître exige de ne plus considérer l'environnement et les circonstances comme des obstacles, mais de les utiliser pour se changer soi-même.

Un Jour de Pluie et de Vent

Shunneng était un maître Zen de la dynastie Song du Sud. Il donna un merveilleux commentaire du poème Zen :
Une éternité d'espace infini, un jour de pluie et de vent.
Nous ne devons pas nous attacher au vent et à la lune d'un jour pour ignorer le vide éternel.
De même, ne nous attachons pas au vide éternel.
Que le vent et la lune d'un jour ne captent pas notre attention.
Quel genre de jour vivons-nous aujourd'hui ?

6
Comment est le Tao en ce moment ?
Les gens se plaignent de la chaleur.
7
Mais j'aime ces jours d'été parce qu'ils durent longtemps.
8
Le vent chaud souffle du sud, et une fraîcheur agréable naît du temple et de la terrasse.
9
Comprendre ou ne pas comprendre : évitez la pensée duelle.
10
En général, les gens attendent la fin de leurs problèmes pour réaliser que chacun d'entre eux a son côté positif. En centrant sa perception sur le moment même, l'été a ses avantages et l'hiver aussi est merveilleux.

Les deux Têtes du Serpent

1
Dans la forêt, un serpent vivait de façon insouciante jusqu'au jour où....

2
Hé, tête de serpent ! Pourquoi est-ce toujours toi qui avance et moi qui suis obligé de te suivre ? Ceci est injuste.
!
Queue de serpent, j'ai des yeux qui me permettent d'avancer. Comment pourrais-tu te diriger ?
3
Et comment pourrait-tu avancer si ce n'est grâce au mouvement de ma queue ?
4
Je vais où je veux. Tu ne pourras rien y changer.
5
Alors, vas-y, avance tout seul si tu en es capable !
!
6

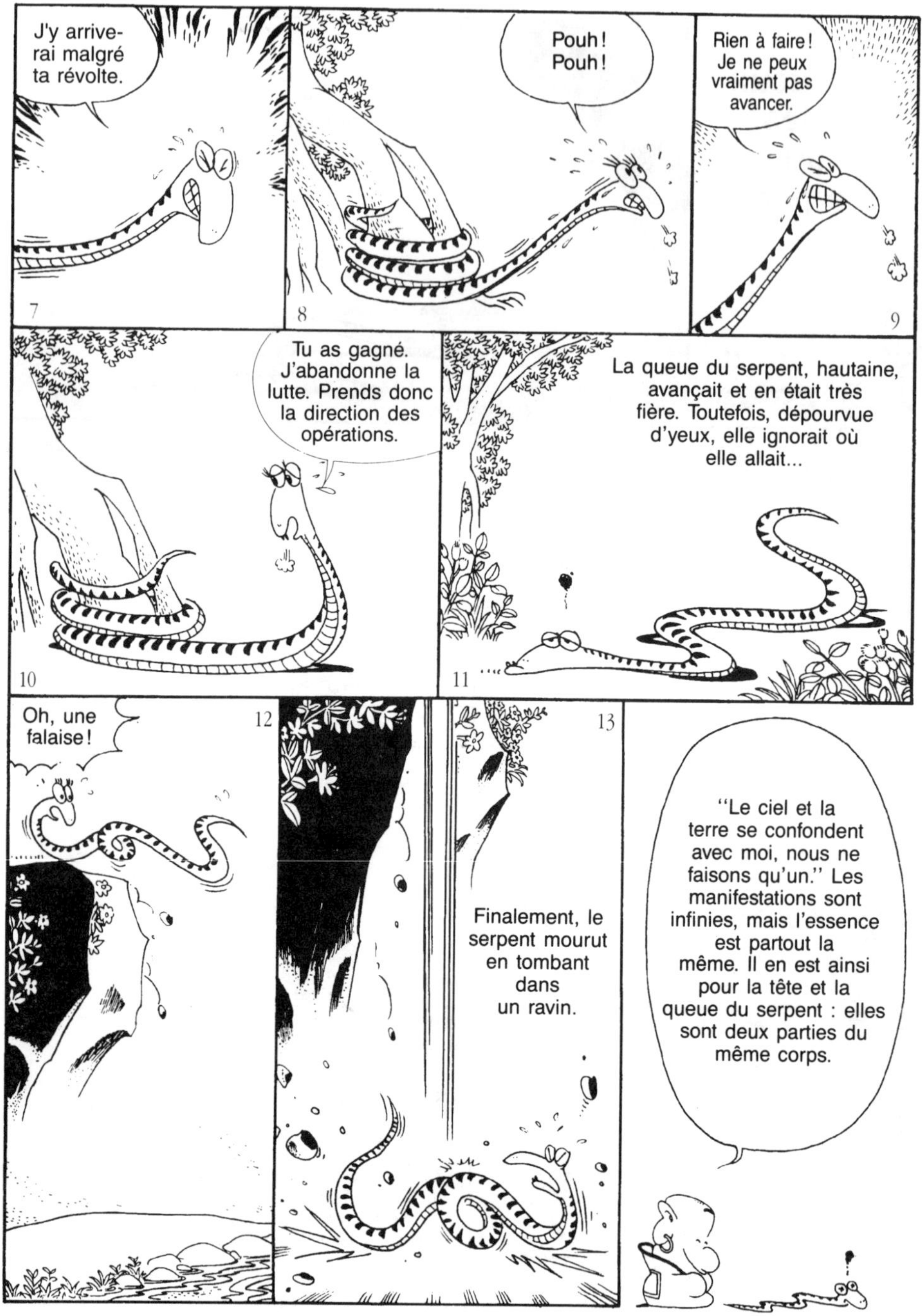

J'y arriverai malgré ta révolte.
Pouh! Pouh!
Rien à faire! Je ne peux vraiment pas avancer.
Tu as gagné. J'abandonne la lutte. Prends donc la direction des opérations.
La queue du serpent, hautaine, avançait et en était très fière. Toutefois, dépourvue d'yeux, elle ignorait où elle allait...
Oh, une falaise!
Finalement, le serpent mourut en tombant dans un ravin.
"Le ciel et la terre se confondent avec moi, nous ne faisons qu'un." Les manifestations sont infinies, mais l'essence est partout la même. Il en est ainsi pour la tête et la queue du serpent : elles sont deux parties du même corps.

Le Monologue de la Grenouille

1
Une bande de grenouilles vivait dans les marécages près d'un étang...
Le ciel et la terre existent pour nous, notre espace est immense.

2
Mer-veilleux !
Merveilleux ! Merveilleux !
3
L'eau et l'air existent pour nous, les grenouilles.
4
Mer-veilleux !
Merveilleux ! Merveilleux ! Merveilleux !
5
Les insectes dans les airs et les fruits sur la terre sont ici pour nous, les grenouilles.

6
Merveilleux !
Merveilleux ! Merveilleux !
Ouah ! Un serpent !
7
Ouah !
Ouuh !
8
Quelle horreur ! La pauvre petite grenouille !
9
Affreux !
Ne nous racontez pas que le serpent existe aussi pour nous ?
10
C'est pourtant vrai. Le serpent existe aussi pour les grenouilles.
11
12
Sans serpents, les grenouilles dévoreraient tout et se multiplieraient sans cesse. Ainsi, il n'y aurait plus d'espace vital.
C'est logique.
Dans ce monde, rien n'est définitivement bon ou mauvais. Tout dépend de notre regard — nous sommes libres de considérer les choses comme bonnes ou mauvaises.

Le Fil d'Araignée

Voici une parabole : un jour, Shakyamuni Bouddha méditait dans un jardin quand son attention fut captée par ce qui se passait dans le puits.
1

!
Ouuuh! Ouuuh!
2
Sauvez-moi! Ma souffrance est immense. Sauvez-moi!
3
Cet homme commit de nombreuses atrocités au cours de sa vie. Lorsqu'il mourut, il alla en enfer.
4

5
Sa vie n'a été que meurtres, destructions et actes malfaisants. N'a-t-il jamais rien fait de bon?
6
Mais si! Un jour, sur une route, il faillit écraser une araignée. Soudainement, il connut un brin de compassion et ne la tua pas. Bien que cela paraisse insignifiant, il s'agit d'une bonne action.
Bien, j'utiliserai le pouvoir de cette minuscule araignée pour le sauver de la souffrance.
7
8
9
!
Oh, un fil d'araignée qui me vient du ciel.
10

11
13
Ne t'y accroche pas. Ceci est mon fil d'araignée. Je ne te laisserai pas faire.
12
Arrêtez, le fil se brisera si vous y grimpez tous!
Ouuh!
Ouah!
Ouuh!
14
15
Allez, descendez!
Ouuh!
Houah!

16
Ha! Ha! Ha!
Ouuh!
Ouuh!
Ouuh!
17
Aiiii!...
18
Ouuh!
Ouuh!
19
Au secours! Aidez-moi! Ma souffrance est grande!
20
Au secours!
Plus nous donnons d'amour, plus nous en recevons. Plus nous partageons et plus nous avons à partager. Le bandit n'a pas compris cette vérité, et le seul acte de compassion qu'il avait commis dans sa vie en fut effacé.

La Porte de Luosheng

1
A une époque de troubles, des cadavres jonchaient le sol aux pieds de la porte de Luosheng. Les corbeaux et leurs croassements dramatisaient encore cette atmosphère sinistre. La nuit tombée, nul n'osait s'aventurer dans la région.
2
Oui.
Les affaires vont mal. Je suis obligé de vous congédier.
3
En continuant ainsi, je mourrai de faim et deviendrai un de ces cadavres.
4
Je dois voler si je ne veux pas mourir.
5
Qu'il en soit ainsi!
6
Pour survivre, je n'ai pas d'autre choix que de voler.

Il y a quelqu'un là-bas.
Han! Han!
Han, han.
Oh, ce n'est qu'une vieille femme maigre comme un singe. Je n'ai rien à craindre.
Vous n'êtes qu'une friponne! Votre action est méprisable!

Je ne fais que prendre les cheveux des cadavres.
Les morts sont dans un état suffisamment lamentable. Pourquoi profaner leur corps ?
15
Je prends les cheveux pour en faire des perruques que je vendrai pour manger.
16
Peut-être est-il mauvais de prendre les cheveux des morts, mais ceux qui sont tombés ici n'étaient pas des gens bons. Prenez l'exemple de cette fille : elle vendait des serpents en les faisant passer pour des poissons salés.
Je ne juge pas ses actes. Si elle ne l'avait pas fait, elle serait morte de faim. Elle n'avait pas d'autre choix.
17
Comme elle, si je n'agissais pas ainsi, je mourrais de faim. Je n'ai pas le choix. Pardonnez-moi.
18

Merci d'avoir écarté mes doutes. Moi aussi, si je n'agissais pas ainsi, je serais condamné à mourir de faim.
Ainsi vous ne me détesterez pas. Donnez-moi quelque chose que vous possédez !
Rendez-moi mon habit. C'est mon seul bien.
Oh misère que ma vie.
Ha ! Ha !
Pour survivre, certains ont recours à des méthodes viles. Toutefois, de nombreux autres commettent toutes sortes d'exactions uniquement pour satisfaire leur vanité et leurs désirs.

Table des matières

Préface	5
Note sur l'auteur/illustrateur	6
Qu'est-ce que le Zen?	9
Une Histoire de Vagues	10
Le Zen dans une Tasse de Thé	11
L'Illumination	12
Cœur à Cœur	13
Vivre l'Instant présent	15
Kasyapa	16
Porter une Fille sur l'autre Rive	17
Le Ciel et l'Enfer	18
Un Idiot haut placé	19
Si je ne vais pas en Enfer, qui ira à ma Place?	20
Les Couleurs du Bambou	21
De l'Ordre dans la Vie et dans la Mort	22
Rompre le Silence	23
Tout est "Vide"	24
Le Bouddha chez Soi	25
Pointer le Doigt sur la Lune	26
Le Disciple voleur	27
Le Voleur qui apprit la Leçon	28
L'Ouverture	29
Le Muet et le Perroquet	30
La Mort d'une Tasse de Thé	31
Qui est-il?	32
Faire le Tour de Soi	33
Des Mots funestes	35
Le Son de la Vallée	36
Le Destin est entre nos Mains	37
Plus on se presse, plus on est lent	39
La Tasse du Général	40
Donner et Recevoir	41
Une Histoire d'Amitié	42
Une Lanterne éteinte	43
Les Choses du Réel	44
Un Brin d'Herbe, une Goutte d'Eau	45
La Cause est Illusion	46
Passé, Présent et Futur	47

Les Grandes Vagues de l'Esprit 48
Parce que je suis ici 51
Le Vide 52
Boudha et Démon réunis dans la même Pensée 53
Le Cœur serein 54
Le Dharma de la Montagne est constant 55
Le Moine en Mal d'Amour 56
Où va-t-on après la Mort? 57
L'Escrime sans Sabre 58
Aviver les Flammes 59
Le Démon intérieur 60
Pauvreté et richesse 61
La Main de la Générosité 62
Le Mouvement perpétuel 63
Le Rire qui unit Ciel et Terre 65
Le Zen est au-delà des Mots 66
Les Nuages dans le Ciel clair, l'Eau dans la Cruche 67
Flocons de Neige 68
Le Pont de Pierre de Zhaozhou 69
Laver son Ecuelle 70
Où pratiquer le Zen? 71
Le Cyprès et l'état de Bouddha 72
La Retour à la Source 73
Qu'est-ce que Zhaozhou? 74
Zhaozhou va à sa Recherche 75
Le Cyprès dans la Cour 76
Nulle Aide 77
Détaché de tout 78
Boire une Tasse de Thé 79
Deshan Xuanjian 80
Linji Ixuan 84
Coup de Fouet 86
L'Indépendance nécessaire 87
La Vie et la Mort 88
Le Zen de Juzhi tient dans un Doigt 90
Juzhi tranche le Pouce d'un Disciple 94
L'Homme qui mordait un Arbre 95
Le But est identique, seules les Voies diffèrent 96
Six en Un 97
Trop proche pour voir 98
L'Univers dans une Graine de Moutarde 99

Le Moine sans Compassion 100
Etre véritable, réveille-toi! 101
La simple Vérité est difficile à suivre 102
Vivre et penser simplement 103
Qui n'est pas le Meilleur? 104
Le Parfum de la Fougère 105
Les Bambous longs, les Bambous courts 106
Ni Moi, ni Autre 107
Je suis ici 108
Jingqing et le Son de la Pluie 109
Ne pas voir la Vérité 110
Rien ne manque 111
Au-delà des Mots 112
Etre et ne pas être 113
Suivre le Courant 114
De la Difficulté d'avancer et de reculer 115
Le Moine sans Humour 116
Danxia brûle une Statue de Bouddha 118
Agir selon les Circonstances 119
S'unir à l'Univers 120
Le Changement est l'éternelle Vérité 121
Y a-t-il autre Chose que le Dharma? 122
Saisir le Néant 123
L'Esprit du Feu vient du Feu 124
La Voie de la Vérité est en face de nous 126
Ni chaud ni froid 127
La Nonne qui devient Moine 128
Trois Livres de Chanvre 129
Un Buffle traverse une Vitre 131
Etre son propre Maître 132
Un Jour de Pluie et de Vent 133
Les deux Têtes du Serpent 135
Le Monologue de la Grenouille 137
Le Fil d'Araignée 139
La Porte de Luosheng 143

Table des matières 147
Bibliographie 150

Bibliographie

Berger K.T., *Le Zen au volant* (Albin Michel)

Crépon Pierre, *Les fleurs de Bouddha : anthologie du Bouddhisme* (Albin Michel)

Deshimaru Taisen (chez Albin Michel)
— *Questions à un maître Zen*
— *Le Bol et le bâton : 120 contes Zen*
— *Zen et arts martiaux*
— *Zen et vie quotidienne*
— *La pratique du Zen*

Deshimaru Taisen et Tozan Ryokai, *Enseignement oral d'un maître Zen* / 5 tomes (Ed. Zen International)

Deshimaru Taisen, Shodoka, Yoka Daishi, *Le chant de l'immédiat Satori* (Albin Michel)

Deshimaru Taisen, Ikemi Yujiro, *Zen et self-control : des thérapies nouvelles à la méditation* (Retz)

Deshimaru Taisen, Chauchard Paul, *Zen et cerveau* (Le Courrier du Livre)

Deverge Michel, Flom Frédéric, *Le passage de la porte sans porte : manuel de Zen pour débutants* (Eole)

Durix Claude (chez Maisnie Trédaniel)
— *Zen ou comment nourrir le bébé-tigre*
— *Zen ou l'esprit de l'eau courante et du rayon de lune : enseignement pendant le zazen*

Fromm Erich, Suzuki Daisetz Teitaro, De Martino Richard, *Bouddhisme Zen et Psychanalyse* P.U.F.)

Lassalle Hugo, Makibi Enomiya, *Le Zen, chemin de l'illumination* (Desclée de Brouwer)

Reps Paul, *Le Zen en chair et en os* (Arista)

Suzuki Daisetz Teitaro, *Essais sur le Bouddhisme Zen* (Albin Michel)

Suzuki Shunryu, *Esprit Zen, esprit neuf* (Seuil)

De Smedt Marc, *Le rire du tigre : voyages avec un maître Zen* (Albin Michel)

Viallet François, *Zen, l'autre versant* (Casterman)

Watts Alan W.,
— *Le Bouddhisme Zen* (Payot)
— *L'Esprit du Zen* (Dangles)

Achevé d'imprimer par Corlet, Imprimeur, S.A.
14110 Condé-sur-Noireau (France)
N° d'Imprimeur : 53 - Dépôt légal : septembre 1993
Imprimé en C.E.E.